中国传统文化教育全国中小学实验教材

教师用书

中国古典诗词欣赏

中国国学文化艺术中心　组织编写
◇林小英　主编

广西人民出版社

图书在版编目（CIP）数据

中国传统文化教育全国中小学实验教材教师用书．中国古典诗词欣赏 / 中国国学文化艺术中心组织编写；林小英主编．— 南宁：广西人民出版社，2023.7
ISBN 978-7-219-11565-7

Ⅰ．①中… Ⅱ．①中… ②林… Ⅲ．①古典诗歌—中国—小学—教学参考资料 Ⅳ．① G623.203

中国国家版本馆 CIP 数据核字（2023）第 094014 号

ZHONGGUO CHUANTONG WENHUA JIAOYU QUANGUO ZHONGXIAOXUE SHIYAN JIAOCAI JIAOSHI YONGSHU · ZHONGGUO GUDIAN SHICI XINSHANG

中国传统文化教育全国中小学实验教材教师用书·中国古典诗词欣赏

中国国学文化艺术中心　组织编写
林小英　主编

监　　制　韦鸿学
项目统筹　周　莉
责任编辑　梁凤华
责任校对　梁小琪
封面设计　牛广华

出版发行　广西人民出版社
社　　址　广西南宁市桂春路 6 号
邮　　编　530021
印　　刷　广西民族印刷包装集团有限公司
开　　本　787mm × 1092mm　1 / 16
印　　张　16.5
字　　数　200 千字
版　　次　2023 年 7 月　第 1 版
印　　次　2023 年 7 月　第 1 次印刷
书　　号　ISBN 978-7-219-11565-7
定　　价　50.00 元

《中国传统文化教育全国中小学实验教材教师用书·中国古典诗词欣赏》

编 委 会

本书使用说明

为让教师更好地了解和使用中国传统文化教育全国中小学实验教材《中国古典诗词欣赏》，现就本书的编写情况、内容结构、教学目标和教学建议等做简要的介绍，供教师教学时参考。

一、编写说明

1. 以时间为线，呈现中国古典诗词发展的基本脉络。《中国古典诗词欣赏》这一教材从先秦的《诗经》《楚辞》，以及唐诗、宋词、元曲中精选了一些经典名篇汇编成册，基本能呈现我国古典诗词的发展轨迹，以概览的形式让学生对中国传统诗词文化的发展形成系统化的认识。

2. 以鉴赏为核，展示对诗词艺术的审美与感悟。学习中国古典诗词有利于陶冶学生的情操，培养学生正确的审美观念，提升学生的精神境界。本册教材在内容的选择上，尽可能多元化地呈现不同时代、不同题材、不同风格的作品，让学生能从多个维度中获得中国古典诗词文化的熏陶；通过设置不同板块，引领学生根据自己的生活经验、认知水平和艺术兴趣对诗词加以品悟。

3. 以知识为源，建构传承和弘扬文化生命力的“场”。除主体诗篇外，教材中穿插安排了许多辅文，有作者介绍、中国自然风光介绍等，让学生可从多个侧面去了解中国，了解中国文化。

4.以思维为轴，搭建提升关键能力的梯子。中国古典诗词创作运用形象思维和格律思维等，结合具体的语言表现，形成丰富多彩的诗歌样式，展示作者所构筑的多姿多彩的精神世界。教材栏目的设置遵循中国古典诗词的学习要义，同时也兼顾学生的认知特点，从“导读”到“注释”“译文”“赏析”，再到文后的“想一想”等，都意在为学生搭建起一个文化素养和审美情趣共进的阶梯。

二、内容结构

（一）主体课文架构

本册教材编排了二十八篇课文，共精选三十二首古典诗词，主要有以下特点：

一是所选诗词不与现行统编教材内容重复，补充了统编教材未选用的一些优秀作品。拓宽了学生学习中国古典诗词的视野，丰富其学习的内容，从而更好地提升学生对中国传统文化的认识。

二是所选诗词时间跨度长。既有先秦时代《诗经》《楚辞》中的作品，也有唐、宋、元等朝代的经典名篇。让学生对中国古典诗词有更深入的了解，对不同时代、不同作家、不同创作风格的作品有更全面的体悟。

三是所选诗词的风格迥异。语言风格上，有的平实质朴，如“凯风自南，吹彼棘心”“有子七人，母氏劳苦”；有的清新自然、清幽淡雅，如“绿池落尽红蕖却，荷叶犹开最小钱”“青苔古木萧萧，苍云秋水迢迢”；有的直爽明快、干脆利落，如“人生百年几今日，今日不为真可惜”“千里澄江似练，翠峰如簇”。思想情感上，有金戈铁马的豪放，如“身既死兮神以灵，魂魄毅兮为鬼雄”“风萧萧兮易水寒，壮士一去兮不复还”；也有思乡怀人的婉约，更有闲情逸致的恬淡，如“愿君多采撷，此物最相思”“管甚谁家兴废谁成败？陋巷箪瓢亦乐哉。贫，气不改；达，志不改”。

四是所选诗词的主题内容丰富。孝亲、礼乐、爱国、战争、读书、思乡、描景、咏史怀古、生活情趣等皆有所涉及。

（二）“导学导练”联动

每一课，文前有“导读”，文中有“注释”“译文”“赏析”，文后有“想一想”等，这五部分与所选诗词组成了一个完整的体例结构。

“导读”——以精练的语言将学生或带入诗词的意境中，或带入作者的生活世界里，意在激趣、启思。

“注释”——对诗词中的一些生僻词进行注解，对诗词中的用典进行简要说明，以帮助学生理解课文。

“译文”——对诗词意思进行阐述，帮助学生掌握诗词大意。

“赏析”——针对小学五年级学生的知识基础和阅读能力，从文学流变、创作背景、写作手法、作者情感、中心主旨、语言风格等角度，深入浅出地对诗词进行赏析。这是在学生了解诗词大致意思的基础上，引领学生品悟、欣赏诗词的板块。

“想一想”“说一说”“读一读”“连一连”“找一找”——学习每一课后，引导学生自主探讨一个思辨性的话题。

三、全册教学目标

中国古典诗词是中国传统文化的代表，也是世界文化宝库中一颗璀璨的明珠，它凝结了中华民族的智慧，展示了中华文化的博大精深。中国古典诗词教学是传承和弘扬中华优秀传统文化的重要手段。中国古典诗词语言精美、韵律优美，学生学习中国古典诗词对提高个人的语文素养有极大的帮助。内涵深刻、意境高远的中国古典诗词，亦是学生审美教育、生命教育与德行教育的极佳题材。需要注意的是，小学阶段是古诗词教学的起始阶段，教学上要加以取舍，要有所侧重，设定合理的教学目标。

《中国古典诗词欣赏》教学目标主要为以下几点：

一是激发学生学习古典诗词的兴趣。

这是小学阶段学习古典诗词最重要的目标，也是一以贯之的目标。由于古典诗词年代久远，其语意、语法和格律等并不是小学生日常语言所运用的，远离学生的语言生活实践，有些字词甚至比较生僻，学生很容易因为理解障碍而对古典诗词生厌甚至放弃学习。所以，教学时切忌求深求全、面面俱到，要注意降低教学要求，有所取舍，并采取可视化、具象化的方法策略，引领学生走进中国古典诗词的世界，让学生真切领略到中国古典诗词的无限魅力，从而主动去探究它。

二是积累传统文化知识，丰富学生文化底蕴。

1. 对字词的认识与理解。鉴于五年级学生已有了一定的识字能力，对诗文中的重点字词、生僻字词主要以学生自主认识为主，但对于有特殊意义的字词，教师要对其辅以文化内涵的解读。

2. 对诗词格律的初步了解。了解诗词的平仄、押韵、重章叠唱等语言表现手法，初步感受诗词富有音乐感和韵律美的语言特色。

3. 对诗词的背诵。背诵是使诗词内化与积淀的一种重要方式，但要注意针对学生的学习水平作分层要求，可全文背诵，也可选择经典文句或自己喜欢的文句背诵。

4. 对中国传统文化知识的初步了解。拓宽学生知识面，使学生增加对诗词发展史、中华名胜古迹、杰出作者等的了解，全方位厘清中华传统文化的脉络。

三是训练学生语文能力，提高学生语文素养。

诵读能力的训练——诵读是古诗词教学的核心要求，要求学生读准字音、合理停顿、把握轻重、缓急适当、读出韵味。教学时要让学生在反复诵读中感知诗意、体悟情感、积累语言。

思维能力的训练——思维是古诗词教学的关键要求，教师要引导学生在想象画面、观察格律、联想情境、描述情景等活动中进行形象思维、逻辑思维、格律思维的训练，促进学生思维能力的发展。

诗词运用能力的训练——无论是统编教材中的古诗词教学还是独立的诗词课程教学，都属于学生语言文字的学习，都承担着“学习语言和运用语言”的课程任务。基于小学生的认知水平，《中国古典诗词欣赏》的教学只要求在学生初步了解诗词格律和写法的基础上，引导学生在口语表达中恰当地运用课文中的文句，并尝试进行一些简单的诗词创作。

四是培育学生人文素养，加强对学生人格品性的塑造。

读书做人，文道统一。中国古典诗词蕴含的先贤智慧、审美情趣对滋养学生情志、提升其精神世界有着极为重要的意义。因此，在教学过程中要注意深入剖析中国古典诗词中蕴含的哲理与人生智慧，带领学生体悟古典诗词中的人文精神，从而发挥中国古典诗词教学立德树人的作用。

四、教学建议

在充分了解整册教材的内容和体例结构，把握好本册教材教学目标的前提下，教师在课堂教学中，还要树立以下观念：

一是要树立整体观念。

首先，教师要通读全册教材内容，从整体上把握教材的纵向联系和横向联系。纵向上把握古典诗词历史发展的脉络以及每个阶段诗词的特点，横向上要关注每一课各个板块的教材资源，有机、灵活地利用，促进教学流程有序推进。

其次，教学要面对全体学生，关注一个班级所有学生古诗词的学习基础、学习兴趣、学习能力、学习习惯等方面的差异，在课堂中实施分层教学，采取有针对性的、灵活的策略，避免教学的盲目性。一概论、一刀切都会抹杀孩子的学习兴趣，影响教学效果。

最后，诗词教学要有导读、导思、导悟、导练的整体模式，对学生学习古典诗词时识字、读韵、识律、知意、悟情、晓理、语用等，要有整体关照。

二是要树立方法意识。

教学时，要从学生的认知特点出发，结合古诗词课程教学的特点，融入现代课堂教学理念，选择方法，运用方法，创新方法，还要注重训练学生掌握学习古诗词的方法，调动学生学习的积极性，让学生爱学、会学、能学。

这里列举几种常用的古诗词教学方法。

1. 诵读法。在古诗词教学中，诵读是贯穿整个课堂的语言活动，在诵读中感知音韵之美、感受画面之美、感悟意境之美、体悟人物之情、顿悟作者用法之妙。但是运用诵读法时要注意以下几点：

首先，诵读要讲究基本技巧。比如平长仄短、声断气连的规律，轻重有别、断句有章的区分，停顿音步的划分，起承转合的技巧等，要在诵读实践活动中让学生逐步掌握，并能运用诵读技巧有效表达情感。

其次，诵读要有层次感。读出韵、读出意、读出情、读出人，要层层深入、步步推进，要从“声”的传情，到“形”的表达，再到“神”的流露。

最后，诵读要有多种形式。吟诵、配乐诵读、重组诗句诵读、应答式诵读等丰富多彩的诵读设计，可以将学生带入不同的情感体验中，与诗词产生“交织”，与生活产生联结，与作者隔空对话，为课堂教学释放源源不断的活力。

2. 故事法。在学生对选文有了初步的理解体验后，教师相机将与作者、作品相关的典故、逸闻、创作背景等在教学中补充插入，不但帮助学生从情感上拉近自己与作者、作品的距离，而且让学生对古诗词产生浓厚的兴趣，使学生知人论世，更好地接受故事中蕴含的文化的熏陶。

3. 意境法。意境是指作者的主观情思和所描写的富于特征的客观景物浑融契合而形成的艺术境界和氛围。在教学中，教师可引导学生通过找到意象，如想象意象、串联意象、进入诗词本身所营造的意境中。还可以通过语言描述、情境表演、绘画想象再现意境法，再造意境。这种方法不仅有利于语言训练，还有利于思维训练。

4. 迁移法。主要有两种形式。一种是类比阅读迁移。在教学中，教师引导学生对同题材同风格、不同题材相同风格、同题材不同风格的作品进行比较，可以更好地帮助学生寻找到作品之间的相似点、共通性，更好地发现作品表情达意的写作手法，更全面地了解中国古典诗词的艺术魅力。

另一种是方法运用迁移。在学生对诗词的格律特点和写作方法有一定的了解后，教师可以利用诗词的留白处让学生用诗性语言尝试创作，也可以设定生活化的情景让学生用所学的文句进行口头表达。

三是要树立教学相长的思想。

古典诗词的教学，对教师的传统文化素养有较高的要求。作为一名诗词教学的教师，自己首先要热爱传统文化，对传承优秀传统文化充满热情，并要做到学而不厌、先学后教、教学相长，不断提升自己的传统文化素养。

1. 要钻研教材。对教材中的每一篇选文都要全面而深入地去了解，如作者生平和写作风格、选文的时代背景等，要破题、抓字眼、找准重点文句，逐字逐句去解析品味，深刻领会作品的思想情感和表现手法等。只有做足功课，才能在教学中游刃有余，才能把课上得生动有趣，让学生学得有滋有味。

2. 要多读多背。都说“熟读唐诗三百首，不会作诗也会吟”。其实，不但要多读，更应该多背，只有多读多背，不断学习积淀，才能在课堂上挥洒自如、游刃有余。《中国诗词大会》的点评嘉宾康震说：“背诗无捷径，唯有读书多。”教师，特别是国学教师需要做一个饱读诗书的文化人。

3. 要做一个诗人。诗词教学的名师苏静说：“诗词教学的真谛就是把学生培养成一个真正意义上的诗人，不是单纯的写诗之人，而是诗意之人：有才华，有勇气，有创意，有良知，有激情，有理想。”要把学生培养成这样的诗人，教师首先要努力让自己成为诗人。

五、教师教学用书的板块说明

教师教学用书的编写目的是帮助教师把握教材的内容特点、领会编者的编写意图、明确教学目标，并向教师提出行之有效的教学建议。每一课包括“教学目标”“教材解读”“教学建议”“教学设计示例”“教学资源链接”五部分内容，为教师实施教学提供基本的参考，教师可结合本班、本校的实际情况灵活变通地进行教学设计。

目 录

第一课　凯　风

一、教学目标

1. 熟读课文，初步感受诗歌四字一句、四句一章、重章叠句的语言特点，并能在富有音韵美的诵读中，背诵整首诗歌。

2. 借助“注释”自读自悟，知晓文意，能用自己的话说出诗文大意，能在反复诵读中感悟作者对母亲的情感。

3. 借助“赏析”初步了解诗中比兴手法的运用，体会比兴手法在诗歌表情达意中所呈现的独特的表现力和感染力。

二、教材解读

（一）原文

凯　风

〔先秦〕佚名

凯风自南，吹彼棘心。
棘心夭夭，母氏劬劳。

凯风自南，吹彼棘薪。

母氏圣善，我无令人。

爰有寒泉，在浚之下。
有子七人，母氏劳苦。

睍睆黄鸟，载好其音。
有子七人，莫慰母心。

（二）原文解析

《凯风》是中国古代第一部诗歌总集《诗经》中的一首诗。全诗以形象生动、朴实自然的语言表达了对辛苦养育子女、贤良圣善的母亲的歌颂，以及作者因为不能为母尽孝、赡养母亲而深感内疚的情感。

全诗共四章，每章四句，每句四字，两句一韵，中途转韵。各章前两句皆为写景，用凯风、棘树、寒泉、黄鸟等事物构成了一幅凉风习习、草木生长、清泉潺潺、黄雀鸣唱的盛景；各章的后两句则为抒情，反复叠唱着作者对母亲的深情，真切地表达作者内心的愧疚和自责。

《凯风》在表现手法上主要采用了《诗经》中常用的两种手法：

一种是比兴手法。作者先用凯风、棘树、寒泉、黄鸟来描写有声有色的春夏景象，然后，由此引出作者真正要表达的意思——对母亲的歌颂，对自己的自责。

诗中一开始就以“凯风自南，吹彼棘心”，把慈爱的母亲比作温暖的南风，把孩子比作酸枣树的嫩芽。孩子能够健康成长，是母亲辛勤哺育的功劳，正如小嫩芽之所以能长大，是因为凯风的吹拂。

诗的前两章的前两句分别以凯风吹棘心、棘薪，比喻母亲养育七子。凯风是春夏季节里滋养万物的风，用来比喻母亲；棘心是酸枣树初发的嫩芽，比喻幼小的子女；棘薪是指长到可以当柴烧的酸枣树，比喻孩子已长大。后两句一方面极言母亲抚养孩子的辛劳，另一方面对自己的不成材反躬自省。诗以平直的语言传达出孝子婉曲的心意。

从第三章开始，作者又以寒泉比母、以黄鸟比子，做进一步的自我批评。寒泉也因此成为母爱的代称。母亲生养七个子女，细心照料、呵护、养育，母爱的付出就似自浚邑流出的寒泉，滋润着浚邑。母亲生养子女七人，如此辛苦，却没有一个孩子能分担。黄雀鸣叫得清丽婉转、悦耳动听，母亲有七个子女，却没有一个能宽慰母亲的心。

全诗寥寥数语，却可见丰富的意象在流动，感人的意境和母子逼真的形象由此可见，真挚的情感由此流露。这就是比兴手法运用的妙处，让诗文情景交融，生动而富有感染力。

另一种是叠唱手法。“凯风自南”诗句的叠唱，形象地歌咏了母亲呵护哺育儿女，母爱就像和煦的风绵绵不断吹拂孩子，全诗读起来跌宕回旋，极富音乐性和韵律性的美感。“有子七人”诗句的叠唱，反复强调母亲养育的子女多，辛劳艰难，同时，反衬出作者内心更深的愧疚和自责。

三、教学建议

《义务教育语文课程标准（2022年版）》（以下简称“2022年版课标”）针对不同学段提出了不同要求，如对第一学段（1～2年级）提出：“诵读儿歌、儿童诗和浅近的古诗，展开想象，获得初步情感体验，感受语言的优美。”而对第二学段（3～4年级）提出：“诵读优秀诗文，注意在诵读过程中体验情感，展开想象，领悟诗文大意。”

2022年版课标的这些要求同样是国学课中诗词教学的基本目标和基本原则，鉴于此，本课教学提出以下建议：

（一）重视预习，提高效率

《凯风》虽然篇幅不长，只有十六句六十四个字，但是有很多生僻字词，比如“劬”“爰”“睍睆”等，初读时较为拗口，也不容易理解，如果完全放在课堂四十分钟里来进行熟读理解，会大大降低课堂学习的效率。

五年级的学生有一定的自学能力，加上课文中有拼音、有注释，学生完全可以借助拼音独立把诗文读熟，可以借助注释理解诗文中一些不常见的字词，比如“夭夭”“劬劳”“凯风”“浚”等。所以教师应布置预习，让不同学习水平的学生利用课前弹性的时间达到统一的目标，把诗文读正确、读流利，理解生字词。课前预习既培养了学生的自学意识和良好的学习习惯，也为课堂中品读感悟诗文打下基础。

（二）切己体察，诵读入韵

《凯风》诗体是有格律的，但叠字、叠句、双声叠韵、押韵等特点与知识对小学生而言有一定的理解难度。在教学实践时，不能灌输式地讲解，而是要让学生在诵读的过程中去观察、去发现、去感知，形成一个融听觉、视觉、触觉于一体的声韵场，引导学生做到切己体察，诵读入韵。

在教学时，教师可以先引导学生在诵读中自己去发现诗体格律的“形美”，然后通过有韵味地诵读，去发现诗文的“声美”，再配上优美的音乐去表现“韵美”。

在表现诗的声韵美时，教师需要给予学生相应的指导。比如，通过停顿来表现声韵的节奏感：

凯风/自南，吹彼/棘心。棘心/夭夭，母氏/劬劳。

比如，通过轻重来表现声韵的起伏感：

凯风自南，吹彼棘心。棘心夭夭，母氏劬劳。

比如，通过字音的拉长来表现声韵的押韵感：

凯风自南，吹彼棘心——。棘心夭夭，母氏劬劳——。

比如，通过重读顶真手法中重复的字词来表现声韵的回环感：

凯风自南，吹彼棘心。棘心夭夭，母氏劬劳。

（三）抓住意象，还原画面

在诗句的理解上，不求一一对译、字字落实、句句确切，有一种大体、模糊的感知即可。

而这种感知需要建立在学生的语言活动、思维活动的切身参与中，让学生形象化地感知意象。教师可以通过解构原文、重组诗文、问题引导，如问“你发现诗中出现了哪些事物？”让学生把凯风、寒泉、棘心等意象找出来，再让学生根据自己的生活体验还原诗中描写的画面。

为进一步让学生感知诗中意象，还可以利用多媒体技术，将视觉、听觉与语言文字有效结合，构建良好的动态化情境，鼓励学生个性化地表达诗意，逐步引导学生加强对古诗词内容的理解，进而激发其阅读兴趣，增强其阅读自信心。

（四）创设情境，激活体验

在引导学生感悟诗情时，教师要通过诵读、感知、聆听、想象、描述等多种学习活动，充分调动学生的多重感官，激活学生的情感体验，使其一步步走进作者所营造的情境里，走进作者的内心世界，与作者进行一场跨越时空的心灵对话。

诗词的语言凝练，在学生进入诗境中产生情感的涟漪时，教师再用真切的语言与文本对话、与作者共语，引发学生产生共鸣。例如，在品读叠句“凯风自南”时，教师可以采用这样的对话方式：

师：看那和煦的南风，日日吹拂在酸枣树的嫩芽上，不正如日复一日，年复一年，含辛茹苦抚育儿女长大的母亲吗？所以说——

生：棘心夭夭，母氏劬劳。

师：再看，那“棘心夭夭”，那柔嫩的棘心不正如那幼小稚嫩的子女吗？他们在和风吹拂下茁壮成长。那长大成柴的酸枣树不正如在母亲抚育下长大的孩子吗？那就是——

生：吹彼棘薪。

师：再看，这冬夏常冷、人饮而甘之、滋养浚邑的寒泉，不就如同圣善的母亲给予子女的滋养与呵护吗？这鸣声清婉、鸣于夏木、人听而赏之的黄雀不就如同已然长大幸福雀跃的儿女们吗？可是，看着夏日里这一切美好的事物，我却有了内心的忧伤，对于“有子七人”、圣善而劬劳的母亲，儿女们却不成材不成器，无以回报，无以宽慰，何以心安？所以，儿女们深感——

生：莫慰母心。

经过这样的对话，学生的内心有了触动，然后教师再进一步追问：如果你就是这位母亲的七个子女之一，就是诗中的“我”，你会如何？

这一环节要尊重学生的阅读感受，鼓励其遵从内心的想法，大胆地发表见解。

（五）强化比较，明白秘妙

小学的古诗词教学在诵诗韵、明诗意、悟诗情、会手法的基础上可多采用一些对比的方法，为学生提供可视化、形象化的素材，让学生有直观的感性体验，增强其理性思辨，提高其学习效率。

诵读对比：师生、生生的对比，感悟诵读方法之妙；

结构对比：句式之间、章节之间的对比，感悟格律之妙；

内容对比：写景与写人的对比，感悟布局谋篇之妙；

内容对比："比"与"兴"的对比运用，感悟艺术手法之妙；

人物对比：劬劳、圣善的母亲与"我无令人""莫慰母心"的子女的对比，感悟表情达意之妙。

四、教学设计示例

（一）导入——趣问趣答有期待

1.教师提问，学生回答。

同学们，中国是一个诗的国度，作者辈出，灿若繁星；诗的历史源远流长，诗的题材广泛、内容丰富、艺术精湛、风格多样。可有谁知道，我国最古老的诗是什么？（四千多年前的远古时代的《弹歌》，只有八个字：断竹，续竹；飞土，逐宍。）

我国最古老的一本诗集是什么？（编成于春秋时代的《诗经》，共三百零五篇。）

2.揭示课题。

那么，这最古老的诗集有什么特点呢？我们来学一首《诗经》里的诗——《凯风》看看。

（二）导读——察声观形知音韵

1. 检测自读情况——读正确、读流利。

读正确：课前已经自读了，诗文能读准吗？

请学生齐读后，再点名读。

读流利：还能加快速度读吗？

让学生比赛读诗速度，如男女赛读、小组赛读等。

2. 引导发现规律——读出声韵之妙。

（1）读出句式特点。请学生默读，然后提问：阅读过程中你发现这首诗在句式上有什么特点？（四字一句，四句一章，重章叠句。）

（2）读出押韵特点。

教师问：古诗的一个基本特征就是押韵，你发现这首诗的押韵规律了吗？

同桌间先讨论交流，再举手回答。（首尾押“in”韵，但中途转韵了。）

教师指导朗读，先引导：这样的一种语言结构会带给人一种怎样的声韵感觉呢？老师读，你们闭上眼睛感觉一下。（回旋跌宕，和谐流畅。）

再指名学生诵读，教师通过对比指导学生掌握诵读的技巧。（四言古诗，两字停顿，但声断气连；在起承转合上快慢有别、轻重不同。）

（三）导思——想象画面能会意

1. 读出景物。

教师引读：阅读过程中，你读出了诗文中的哪些景物？请圈起来。（凯风、棘心、棘薪、寒泉、黄雀。）

2.想象画面。

教师引导：这样的一些事物构成了一幅怎样的画面？请展开你的想象，然后用语言描绘出这幅画面。（请学生回答，注意尊重学生的个性化表达。）

3.品读意境。

教师引读：看看作者是怎样描绘这幅盛景图的。下面老师来描绘画面，请大家读出老师所描绘的诗句。

春天的和风从南边轻轻地吹来，吹在酸枣树的嫩芽上。（凯风自南，吹彼棘心。）

…………

4.教师总结。

寥寥数语，景象万千，一幅幅美好的画面呈现在我们的面前，这就是《凯风》诗歌的语言艺术。

5.配音画诵读。

多媒体音画呈现诗中景象并诵读，学生感悟诗句中景象的美好。

（四）导情——人物体验入意境

1.读出人物。

刚才的诵读，细心的同学会发现这些景物描写都是在每一章的前两句，而后两句写的是人，那么，诗中出现了哪些人？请默读诗文，并将他们圈出来。（母亲、我、七子。）

2.感悟人物特点。

再读读这些诗句，你会发现这位母亲是怎样的母亲？（劬劳、圣善。）母亲何以劬劳？何以圣善？（相机解析“劬”——“劬”的本义是弯腰用力，引申为辛劳。）

教师引读：孩子饿了要备食物，孩子冷了要备衣裤，孩子哭了要抱身上，孩子伤心要安慰，孩子调皮要教育——母氏劳苦。

有子七人，带大了这个，还得抚养其他几个——母氏劬劳。

日夜操劳，两鬓风霜，可是，母亲从未有过抱怨、从未向子女索取——母氏圣善。

3.角色体验。

如果你就是这位母亲的七个孩子之一，就是诗中的“我”，你会如何？（感恩、孝敬母亲，而文中的“我”还有一份深深的愧疚与自责，他说——“我无令人”“莫慰母心”。）

4.跟着音乐诵读全诗。

（五）导练——对比迁移悟手法

1.感悟“比”的写法。

诗中景物凯风、寒泉、棘心、黄鸟和诗中的母亲、子女有何关联？请谈谈你的看法。（学生交流后，教师总结《诗经》“比”的手法。）

两者有何关联？

物	人
凯风自南，吹彼棘心。	棘心夭夭，母氏劬劳。
凯风自南，吹彼棘薪。	母氏圣善，我无令人。
爰有寒泉，在浚之下。	有子七人，母氏劳苦。
睍睆黄鸟，载好其音。	有子七人，莫慰母心。
写景	抒情

2.感悟“兴”的手法。

作者是想表达什么？为什么要先写景？（学生交流，教师总结《诗经》“兴”的手法。）

3. 总结。

“比”“兴”手法的运用，可以让作者想表达的情感更形象、更感人、更生动，这是《诗经》中的常见手法。我们再来读读《诗经》里大家最熟悉的经典诗《关雎》《蒹葭》，同样也妙用了这样的手法。（这一内容可以根据教学时间选择性实施。）

（六）导行——总结背诵有认同

1. 背诵。

同学们，《凯风》这首诗就学到这里，刚才我们入情入境地诵读了诗，也由此了解了作者要表达的真挚情感和所运用的巧妙手法，收获不小，但是学诗还有一个规定动作是必须完成的，就是背诵。再给同学们两分钟，四章十六句六十四个字的《凯风》能背下来吗？（可以根据学生学习基础分层要求，全背或选背经典语句。）

2. 总结。

同学们，古人言：“不学诗，无以言；不学礼，无以立。”让我们学诗词，做有诗意之人。中国古典诗词的学习路上我愿与你们同行！

五、教学资源链接

《诗经》

《诗经》是我国第一部诗歌总集，它汇集了西周初期到春秋中叶五百多年间的三百零五篇诗歌。

《诗经》分为“风”“雅”“颂”三部分。“风”是地方乐歌，大部分如朱熹所言为“里巷歌谣之作”；“雅”是“秦声”，推论为西周王畿一带的乐歌；“颂”是祭祀所用的乐歌，部分是舞曲。

《诗经》采用赋、比、兴等表现手法，并以现实主义的笔调把西周至春秋中叶各阶层的生活感悟与体验描写得真实到位。其中以劳动、爱情与征战为主题的《国风》流传最为广泛，《关雎》《七月》《静女》等都成了脍炙人口的名篇。

《诗经》以其淳朴的语言风格、贴近生活的取材、契合大众的审美而成为儒家经典，是一部突破文学领域而渗透到政治生活、精神生活、民族性格等各个方面的不朽之作，奠定了中国古典文学现实主义的传统。

中国古代诗歌

中国古代诗歌，一般称作旧诗，是指用文言文和传统格律创作的诗。广义的中国古代诗歌，包括各种中国古代的韵文，如赋、词、曲等；狭义的中国古代诗歌，则仅包括古体诗和近体诗。中国古代诗歌多是文人墨客为表现心中的思绪而作。

第二课　鹿　鸣

一、教学目标

1. 初步感受诗文三个章节中出现的重章叠句、隔句押韵和交叉押韵的语言特点，并能在富有音韵美的反复诵读中，背诵整首诗歌。

2. 能知晓文意，能用自己的话说出诗文的大意，能在反复诵读中感悟诗歌中“我”诚挚的内心表达和诗歌描述的欢乐愉悦的情感氛围。

3. 初步了解诗中“用鹿鸣起兴”表现手法的运用，体会比兴手法在文中表达君王愿与群臣共享同乐、同心同德这一情感的作用。

二、教材解读

（一）原文

鹿　鸣

〔先秦〕佚名

呦呦鹿鸣，食野之苹。

我有嘉宾，鼓瑟吹笙。
吹笙鼓簧，承筐是将。
人之好我，示我周行。

呦呦鹿鸣，食野之蒿。
我有嘉宾，德音孔昭。
视民不恌，君子是则是效。
我有旨酒，嘉宾式燕以敖。

呦呦鹿鸣，食野之芩。
我有嘉宾，鼓瑟鼓琴。
鼓瑟鼓琴，和乐且湛。
我有旨酒，以燕乐嘉宾之心。

（二）原文解析

《鹿鸣》是《诗经》中《小雅》的开篇诗。诗歌以周王祝酒的口吻来写，是周代贵族宴会上的一首音乐诗。它反映了周王宴请宾客、群臣的盛况，强调了君王要以诚待贤臣，臣下才能尽其忠心，如此群臣和谐，国运才能昌盛的道理。后来，此诗成为古人在贵族宴会上常唱的歌，所以也叫宴会诗。整首诗以轻快、清新、质朴的语言风格描绘出宾主在欢歌、畅饮的宴享活动中一派祥和的场景，歌唱主人之敬客，宾客之懿德。

全诗共三章，每章八句，隔句押韵，交叉押韵。

第一章是写在“鼓瑟吹笙”的热烈欢快声中，主人为宾客献上用竹筐所盛的礼物。这种在酒宴上献礼馈赠的习俗，如今仍可以在一些宴会上见到。然后主人向嘉宾致谢：“人之好我，示我周行。”就是说“承蒙诸位光临，感谢大家为我指明大道方向”。如果主人身份是君王的话，那这两句话便表示他愿意听取群臣的谏言忠告。

第二章是写主人进一步向嘉宾表达称赞祝词。主人（一般指君王）夸赞道：“我有嘉宾，德音孔昭。视民不恌，君子是则是效。”也就是说“我以有你们这些德行高尚名声好的朋友为荣，你们从不轻薄他人是做人的榜样，是君子理应效仿的人”。主人在祝酒之际说这些话的目的，是希望群臣（朋友）做清正廉明的好官，做德行可嘉的君子，想借此矫正民风。所以说，这类宴会在古代有时不仅仅是娱乐而已，也蕴含一定的政治色彩。

第三章是写宾主一起高歌畅饮的欢乐祥和的场景。“鼓瑟鼓琴，和乐且湛”是写“酒席之中，大家一起觥筹交错，互致祝词，欢歌畅饮，多么尽兴快乐”。此时此刻，宴会中的欢乐气氛达到了高潮，也升华了古时的礼乐文化——和。最后一句“燕乐嘉宾之心”，似乎另有“非止养其体、娱其外而已”的深意，也就是说这次宴会，它不是一般朋友间的吃喝聚餐，而是为了“安乐其心”。如果主人是君王的话，则有劝诫参与宴会的群臣心悦诚服，自觉地为君王的统治服务的目的。正如朱熹在《诗集传》中所写的，古代君臣之间限于一定的礼数，等级森严，形成思想上的隔阂，而通过这样的宴会，可以使君臣之间彼此沟通感情，也使君王能够借此机会听到群臣的心里话。

本诗在艺术特色上与《凯风》有相似之处，主要采用了《诗经》常用的两种手法。

第一种是比兴手法。《鹿鸣》每一个章节的开头都使用了以“鹿鸣”起兴的表现手法。——“呦呦鹿鸣，食野之苹”“呦呦鹿鸣，食野之蒿”“呦呦鹿鸣，食野之芩”，用鹿呼叫同伴来一起同食，说明主人（君三）也希望与嘉宾（臣民）和睦共处、相呼共食的诚恳之心。

这种起兴方法极具感染力，试想，在空旷无边的原野上，一群鹿悠闲自得地寻草觅食，不时发出呦呦的鸣叫，呼朋引伴，声起身动，那场景是多么和谐美妙。诗以此起兴，一开始便营造了一个热烈而又和谐的氛围，这样既奠定了和谐愉悦的诗歌情感基调，也给人以强烈的感染。然后，再把读者从“呦呦鹿鸣”的意境带进“鼓瑟吹笙”的音乐伴奏声中。再试想，如果是君臣之间的宴会，那种原本紧绷的等级隔阂、拘谨和紧张的关系，自然便缓和、轻松下来了。

第二种是叠唱手法。三个章节的第一句和第二句，“呦呦鹿鸣，食野之苹”“呦呦鹿鸣，食野之蒿”“呦呦鹿鸣，食野之芩”，句式和语言相同，只在句末换了一个字。每章的第三、四两句，结构和语言也基本相同，“我有嘉宾，鼓瑟吹笙”“我有嘉宾，德音孔昭”“我有嘉宾，鼓瑟鼓琴”，前一句重复，后一句相似。这样重章叠句的复沓形式，重复出现、反复咏唱，既强化了音乐节拍，使得这首诗极具乐感，又渲染了轻松、愉悦、和谐的情感氛围，还进一步强化了主人以诚相待的内心表达。

三、教学建议

这首诗歌共分三章，每章八句，共二十四句，一百零三个字。这是一首比较长的古体诗，有一定的难度，在学生学习和背诵中如果不加以引导，学生容易产生畏难情绪，所以，建议本课采用发现式学习的方法，以激发学生学习兴趣，提高学习效率。

（一）发现字词的奥妙

传统文化课程教学与常规语文教学有所不同，可以不将识字写字作为重点目标去落实，但是语言文字是小学生重要的学习基础，也是传统文化教育的基本，所以，课堂中依然要把好识字关。本课对小学生而言，生僻字、通假字、多音字较多，是学生学习的障碍。教师要善于运用方法，化腐朽为神奇，让这些生僻字和多音字成为学生学习的兴奋点，比如给这些字分分类：

“鼓、瑟、琴、笙、簧”——器乐类字

“苹、芩、蒿”——草类字

“将、行、好、和、乐”——多音字

“视、恌、燕、敖”——通假字

“民、则、旨、湛”——“意”想不到字

让学生在为这些字分类的过程中轻松愉快地了解它们的形和意，从而化解学生理解诗意的难题，实现自主化地理解诗歌的大致意思。

（二）发现句式的规律

本诗共有二十四句，句数相对较多，通过引导学生在富有节拍的诵读中发现三个章节重章叠句的规律，发现一些相同的句式结构、重复相似的句子、隔句交叉的押韵等规律后，这一课的学习就能化难为易，由涩变趣了，学生可以在快乐地发现句式规律的过程中将诗句熟记下来。

（三）发现人物的身份

这次宴请的主人是谁？嘉宾是谁？将这样有趣的问题抛给学生，让学生自己去品读感悟，引导他们踏上一次有趣的学习之旅。“我有嘉宾……”“我有旨酒……”读到这些句子，学生不难发现诗歌是以主人的口吻写的，让学生通过品读主人的语言、思想、情感来推理、分析出主人与嘉宾的身份，激发学生的探究心理，从而水到渠成地达成知人悟情的目标。

（四）发现表达的方式

由于在第一课的教学中，学生已经初步接触过比兴、重章叠句的表现手法，这一课的表现方法相似，所以，教学中只要让学生自己对比《凯风》发现这两个写作特点即可，这样可以增强学生学习的成就感，激发学生持续学习的动力和兴趣。

四、教学设计示例

（一）链接导入有期待

1. 背诵第一课《凯风》。

2. 链接揭题：《诗经》分“风”“雅”“颂”三部分，“风”是各地的民歌。刚才同学们背诵的第一课《凯风》就属于“风”部，今天咱们来学习“雅”部的第一首《鹿鸣》，看它写了什么。

（二）诵读识韵明诗意

1. 检测自读情况——读正确读流利。

（1）读正确。指名读，特别关注基础薄弱的学生的诵读情况。

（2）读流利。学生跟着教师拍打的节拍变化趣味读。

2. 提升诵读要求——读节奏读押韵。

（1）读出节奏：出示节奏线，并突出强调三句长句的节奏。

呦呦/鹿鸣，食野/之苹。

我有/嘉宾，鼓瑟/吹笙。

吹笙/鼓簧，承筐/是将。
人之/好我，示我/周行。

呦呦/鹿鸣，食野/之蒿。
我有/嘉宾，德音/孔昭。
视民/不恌，君子/是则/是效。
我有/旨酒，嘉宾/式燕/以敖。

呦呦/鹿鸣，食野/之芩。
我有/嘉宾，鼓瑟/鼓琴。
鼓瑟/鼓琴，和乐/且湛。
我有/旨酒，以燕/乐/嘉宾之心。

（2）读出押韵。

先找出每一章中的韵脚字“苹、笙、将、行”（押“ng”韵），“蒿、昭、效、敖”（押“ao”韵），“芩、琴、湛、心”（押“in”韵）。再指导学生将韵脚读得绵长些，感受音韵回旋之美。

3.引导发现规律——知晓诗文大意。

（1）让学生把读不明白意思的字写到黑板上。

（2）说发现找规律：读读这些字，看有什么发现？我们来给这些字分分类，要说出这样分的理由。

“鼓、瑟、琴、笙、簧”——器乐类字
“苹、芩、蒿”——草类字
“将、行、好、和、乐”——多音字
“视、恌、燕、敖”——通假字
“民、则、旨、湛”——“意”想不到字

（3）教师说意思，让学生快速对出诗句来。

（三）知人知心知礼乐

1. 找一找：读着读着，诗文中出现了一个人物，是谁？（“我”。）找出相关句子读。

2. 说一说：你发现这人是什么身份？他做了什么？画出相关的句子并读出来。（宴会主人，献礼致谢、称赞、敬酒祝愿。）

3. 猜一猜：这主人宴请的目的是什么？

4. 演一演：其中一学生演君王，其余为宾客。

5. 教师介绍古时的礼乐文化：古时君臣之礼；这首音乐诗、宴会诗在古时贵族中的运用。

6. 跟着音乐再诵读全诗，感受宴会之中宾主、君臣之间欢愉、和谐、真挚的情感。

（四）观察发现晓手法

1. 发现比兴写法。

通过刚才的诵读，细心的同学会发现诗中写的是主人宴请宾客的场景，可是每一个章节前却先写了什么？为什么这么写？（“呦呦鹿鸣，食野之苹”“呦呦鹿鸣，食野之蒿”“呦呦鹿鸣，食野之芩”。）

指名回答，并板书：鹿——人、鸣——宴请。

背诵每章节的第一、二两句，感受轻松、愉悦的氛围。

2. 发现重章叠句的写法。

（1）读句子说句式的特点：再读每一章节的第三至第八句，你又发现了什么？（句式重复，结构相同。）

（2）对比后读一读，感受诗歌的韵律美。

（3）试着背一背。

五、回顾总结引课外

1.呼应：回到刚上课时的问题，《凯风》属于《诗经》“风”的部分，是以写老百姓的生活的民歌为主；而《鹿鸣》是属于《诗经》“雅”的部分，从这首诗的内容可以看出“雅”是以写什么为主的？（贵族生活，大多是宫廷音乐。）

2.延伸：《诗经》是我国文化的瑰宝，里面有许多脍炙人口的经典名篇，比如《蒹葭》《关雎》等，希望同学们多诵读、多背诵、多积累。

六、教学资源链接

关　雎

关关雎鸠[①]，在河之洲[②]。窈窕淑女[③]，君子好逑[④]。

参差荇菜[⑤]，左右流之[⑥]。窈窕淑女，寤寐[⑦]求之。

求之不得，寤寐思服[⑧]。悠哉悠哉[⑨]，辗转反侧[⑩]。

参差荇菜，左右采之。窈窕淑女，琴瑟友之[⑪]。

参差荇菜，左右芼[⑫]之。窈窕淑女，钟鼓乐之[⑬]。

①关关：象声词，雌雄二鸟相互应和的叫声。雎鸠（jū jiū）：一种水鸟名，即王雎。

②洲：水中的陆地。

③窈窕（yǎo tiǎo）淑女：贤良美好的女子。窈窕，身材体态美好的样子。窈，深邃，喻女子心灵美；窕，幽美，喻女子仪表美。淑，好，善良。

④好逑（hǎo qiú）：好的配偶。逑，“仇”的假借字，匹配。

⑤参差：长短不齐的样子。荇（xìng）菜：水草类植物，圆叶细茎，根生水底，叶浮在水面，可供食用。

⑥左右流之：时而向左、时而向右地择取荇菜。这里是以勉力求取荇菜，隐喻“君子”努力追求“淑女”。流，义同“求”，这里指摘取。之，指荇菜。

⑦寤寐（wù mèi）：醒和睡，指日夜。寤，醒觉；寐，入睡。又，马瑞辰《毛诗传笺通释》说：“寤寐，犹梦寐。”也可通。

⑧思服：思念。服，想。《毛诗传笺通释》：“服，思之也。”

⑨悠哉悠哉：意为“悠悠”，就是“长”的意思。这句是说思念绵绵不断。悠，感思。见《尔雅·释诂》，郭璞注。哉，语气助词。悠哉悠哉，犹言“想念呀，想念呀”。

⑩辗转反侧：翻覆不能入眠。

⑪琴瑟友之：弹琴鼓瑟来亲近她。琴、瑟，皆弦乐器。琴五或七弦，瑟二十五或五十弦。友：用作动词，此处有亲近之意。这句是说，用琴瑟来亲近“淑女”。

⑫芼（mào）：拔取（菜、草）。

⑬钟鼓乐之：用钟奏乐来使她快乐。乐，形容词的使动用法，使……快乐。

《关雎》是周代的民歌，属于《诗经》中“风”的部分。全诗朗朗上口、情意绵绵，极富韵律美和意境美。在表现手法上采用了“兴”，先从“关雎”“荇菜”等入手，后表达男子对“窈窕淑女”的爱慕、思恋之情。

第三课　国　殇

一、教学目标

1. 初步感受诗文七言规整、句句嵌“兮”的语言特点，并能在富有音韵美的反复诵读中，背诵自己喜欢的句子、段落。

2. 能了解诗文的大意，能在反复诵读中感受诗中将士的英勇悲壮，感悟作者与将士炽热的爱国情感。

3. 初步了解诗中“叙颂”结合的表现手法的运用，体会屈原作品中这种独特表现方式的艺术感染力。

二、教材解读

（一）原文

国　殇

〔战国〕屈原

操吴戈兮被犀甲，车错毂兮短兵接。
旌蔽日兮敌若云，矢交坠兮士争先。
凌余阵兮躐余行，左骖殪兮右刃伤。
霾两轮兮絷四马，援玉枹兮击鸣鼓。

天时怼兮威灵怒，严杀尽兮弃原野。
出不入兮往不反，平原忽兮路超远。
带长剑兮挟秦弓，首身离兮心不惩。
诚既勇兮又以武，终刚强兮不可凌。
身既死兮神以灵，魂魄毅兮为鬼雄。

（二）原文解析

《国殇》是战国时期楚国诗人屈原的作品，选自《楚辞》的《九歌》。国殇，指为国捐躯的人。殇，指未成年而死，也指死难的人。这是追悼楚国阵亡士卒的挽诗。这首诗与前两课的诗风格迥异，诗的情感更为真挚炽烈，节奏极为鲜明急促，文字风格刚健质朴，给人一种悲壮凛然、亢直阳刚之美。

全诗共十八句，从描写的内容上可分为两部分。

第一部分（第一至第十句），是用叙事的方式进行战争场面描写。“操吴戈兮被犀甲，车错毂兮短兵接”，开篇两句就告诉我们这是一场“短兵相接”的战斗，这是一场楚国将士殊死抗敌的战斗；“旌蔽日兮敌若云，矢交坠兮士争先”，可见这还是一场敌众我寡、个个奋勇争先的殊死战斗；“凌余阵兮躐余行，左骖殪兮右刃伤”，敌人来势汹汹，楚军伤亡惨重，可仍个个拼死战斗；“霾两轮兮絷四马，援玉枹兮击鸣鼓”，这辆原由四匹马拉的大车，虽左外侧的骖马已中箭倒毙，右外侧的骖马也被砍伤，但主将仍英勇无惧，他竟然将战车的两个轮子埋进土里，迅速勒住马缰，然后举槌擂响了进军的战鼓；“天时怼兮威灵怒，严杀尽兮弃原野”，你看那苍天也跟着震怒起来，待杀气散尽，战场上只留下一具具尸体静卧荒野。如此壮烈的场面，寥寥十句，让人体会到一场激烈拼杀的血腥场景，更让人看到楚军将士宁死不屈的大无畏精神。

第二部分（第十一至十八句），是用悼颂的方式，用饱含情感的笔触，讴歌死难将士，歌颂他们为国捐躯的高尚志节、英雄气概和爱国精神。“出不入兮往不反，平原忽兮路超远”，歌颂他们自披上战甲那一刻起，便没有想过要全身而返，此刻他们紧握兵器，安详地、心无怨悔地躺在那里。“带长剑兮挟秦弓，首身离兮心不惩”，歌颂这些神勇的将士，他们举着秦地出产的以强劲闻名的弓，宁死不屈，这是对国的忠贞；“身既死兮神以灵，魂魄毅兮为鬼雄”，他们为国捐躯精神永存，忠魂刚毅为鬼中英雄。而在这种颂赞中，诗人那满腔炽烈的爱国情感，同样抒发得淋漓尽致。

“楚虽三户能亡秦。”其实，从这首诗里，我们明显可以感受到诗人屈原在颂悼阵亡将士的同时，也隐隐表达出自己对洗雪国耻的强烈渴望、对国家必胜的信念，呈现出他那颗热烈的爱国之心。

这首诗在表达方式上有一个非常突出的特点，就是诗篇的建行造句全部采用了七言规整的句式，每句中间嵌一个“兮”字，这样既形成了一种停顿之势，给人以呼之欲出的感觉，又把句子上下隔开，变作四三句式。这样的句式，节奏明快有力，韵律金声玉振，诵读起来会产生一种急促感和紧迫感，震人心魄、引人共鸣，这也是楚辞的一个代表性特点。全诗语言质朴通俗、刚劲坚定，句式整齐精练，描绘了英雄捐躯的悲壮场景，表达了缅怀烈士的崇高情感，展现了惊心动魄、感天动地的艺术魅力，增添了强烈的感染力，也增强了全诗的悲壮美，让全诗充满了浪漫主义色彩。

三、教学建议

（一）降低要求，化解难点

在识字教学中降低要求。全诗有十八句，每句七个字，共有一百二十六个字，而且生僻字较多，比如“毂、躐、骖、殪”等都是学生很少接触的，字体复杂、晦涩生僻，教师要借助多媒体呈现这些会意字、形声字的造字特点，帮助学生形象识字，领着学生反复读，多次强化。

在诵读诗文时要降低要求。本课内容相较以前所学的古典诗词句长字多，另外，楚辞体带语气词“兮”的句式，学生也是第一次接触，学生在学习时，难读通、难读懂，所以在本课教学中对于“兮”的读法，教师要通过分隔号标出停顿，让学生快速掌握读法，还要通过示范读、带读等进行强化训练。

当然，全文每句带“兮”字，也给学生带来了新奇感，教师要善于抓住这一新鲜点吸引学生，引起学生的学习兴趣，提高课堂效率，让学生带着探究心理去学。

在积累背诵上要降低要求。不要求学生背诵全文，可让学生选择自己特别喜欢的句子、段落背诵。比如，特显将士豪迈气节的最后一小节“出不入兮往不反，平原忽兮路超远。带长剑兮挟秦弓，首身离兮心不惩。诚既勇兮又以武，终刚强兮不可凌。身既死兮神以灵，魂魄毅兮为鬼雄”，可以通过集体朗读、小组朗读、个人朗诵的方式，表达出将士那种气吞山河的气魄，这样可以激发学生背诵的兴趣，也可以强化记忆。

（二）补充背景，增强感悟

一是补充历史背景，帮助学生理解当时楚国将士的家国情怀。让学生通过了解秦楚之战中楚国的一次次失败、一次次伤亡，了解楚国十几万将士在与秦军的浴血奋战中战死沙场的悲壮，深刻感受诗文中力透纸背的生动描写，进一步体会人物的情感。

二是补充人物背景，帮助学生理解屈原爱国报国的情感。这里最好用“故事化”的方式来介绍屈原，比如他少年时嗜书成癖、出身贵族却同情贫民、主张变革、被流放汉北、被放逐江南、自投汨罗江等，既增强课堂的趣味性，也帮助学生理解屈原的满腔爱国情。

（三）借助媒体，体悟情感

借助影像，呈现战争场面。在品读悟情环节，播放一段秦楚交战的视频，让学生身临其境，具体而直观地感受人物的形象，感受人物舍生忘死的爱国情感和视死如归的英雄气概，然后再让学生通过入情入境的诵读来表现诗歌的情感。

借助音乐，渲染升华情感。通过播放《金戈铁马》《大风歌》等，让学生在气壮山河的音乐声中体悟将士的豪情，体悟屈原那强烈而炽热的爱国情感。

四、教学设计示例

（一）视频导入

1. 观看战争视频：同学们，战国时期，秦国逐渐强大，向楚国发动了多次战争。楚国是屡战屡败，死伤无数将士。这又是一场血雨腥风的厮杀，请看——

2. 引出课题：此时，楚国有一位爱国诗人屈原，面对此情此景，有感而发，挥笔写下了一首千古传颂的挽诗《国殇》，这节课我们就来学习它。

3. 板书课题后，读题（注意读准“殇”字），解题（国殇，为国捐躯的人）。

（二）熟读成诵

1.正音。

课前大家已经自读了，你们一定遇上了一些很陌生的字，我们一起请出《说文解字》来帮我们认识一下它们。

课件出示“毂、躐、骖、殪、霾、枹”等字的注解，然后指导学生进行反复认读，最后再读带有这些字的诗句。

再听学生读，提醒多音字“被”和“行”在诗中的读音。

2.停顿。

同学们能读准字音了，但是，每一句有七个字，中间都有一个“兮”，大家不知道在哪里停顿为好，对吗？老师给你们一些提示和标注，你们根据这些分隔号来读，注意单斜线停顿时间短一些，双斜线停顿时间长一些。

操/吴戈兮//被犀甲，车/错毂兮//短兵接。
旌/蔽日兮//敌若云，矢/交坠兮//士争先。
凌余阵兮//躐余行，左骖/殪兮//右刃/伤。
霾两轮兮//絷四马，援玉枹兮//击鸣鼓。
天时/怼兮//威灵怒，严杀/尽兮//弃原野。
出不入兮//往不反，平原忽兮//路超远。
带长剑兮//挟秦弓，首身离兮//心/不惩。
诚既/勇兮//又以武，终刚/强兮//不可凌。
身既/死兮//神/以灵，魂魄/毅兮//为鬼雄。

教师范读（特别引导语气词“兮”的读法），再让学生自由练习读，然后指名读，最后齐诵。

（三）知意明序

1.借助注释一句句读，然后对照译文理解句意。

2.同桌互相配合读，一个读原句，另一个读出相应的译文，并互换读。

3.教师用白话入情入境地描述，学生用原文诗句有感情地诵读，教师相机进行朗读指导。

4.引导学生对比前后两部分阅读：读明白这首诗，你就会发现诗的前部分和后一部分的内容是有区别的，再默读全文，你会怎么分这两部分？它们分别写了什么？（第一至第十句是描写将士作战时的惨烈情景，而第十一至第十八句是作者对这些阵亡将士的讴歌。）

5.交流后，男女分部分诵读。

（四）知人悟情

教师引导：文以载道，诗以言情。同学们，你们觉得作者在这首诗里想表达什么？

1.诵读第一部分，播放秦楚大战视频后再指名诵读，从学生入情的诵读中说说作者所表达的情感有哪些。（悲愤的、痛惜的、自豪的、热血沸腾的。）

2.教师穿插讲述屈原被贬、自投汨罗江的故事，让学生感知屈原强烈的爱国情怀。

3.自由地放声诵读第二部分，然后指名诵读，其他同学说说在诵读中听到了屈原内心的一种什么声音。

（五）情感升华

1.配乐诗朗诵（齐诵、男女诵、个别诵）。

2.选句诵：把最打动你的诗句记下来，送给屈原，送给自己。

五、教学资源链接

《楚辞》

《楚辞》是中国文学史上第一部浪漫主义诗歌总集，相传是屈原创作的一种新诗体。“楚辞”的名称，西汉初期已有之，至刘向编辑成集。全书以屈原作品为主，其余各篇也是承袭屈赋的形式。以其运用楚地的文学样式、方言声韵和风土物产等，具有浓厚的地方色彩，故名《楚辞》，对后世诗歌产生深远影响。后世称此种文体为“楚辞体”或“骚体”。而四大文学体裁——诗歌、小说、散文、戏剧皆不同程度受其影响。

屈　原

屈原，战国末期楚国爱国诗人。名平，字原；又自云名正则，字灵均。出身楚国贵族。初辅佐怀王，做过左徒、三闾大夫。学识渊博，主张彰明法度，举贤授能，东联齐国，西抗强秦。后遭谗害而去职。顷襄王时被放逐，长期流浪于沅湘流域。后因楚国的政治更加腐败，首都郢也被秦兵攻破，他既无力挽救楚国的危亡，又深感政治理想无法实现，遂投汨罗江而亡。其传世作品保存在刘向辑的《楚辞》中，主要有《离骚》《九章》《天问》《九歌》等。

第四课　易水歌
于易水送别

一、教学目标

1. 学习两首古诗，把握两首诗的不同情感基调，并能背诵这两首诗。

2. 了解诗歌的创作背景从而走进作者的内心，感受荆轲的英雄气概及骆宾王怀古伤今的复杂心理。

3. 通过对比，初步感知两首诗不同的表现手法以及两者在表情达意中的不同效果。

二、教材解读

（一）原文

易水歌

〔战国〕荆轲

风萧萧兮易水寒，壮士一去兮不复还。

探虎穴兮入蛟宫，仰天呼气兮成白虹。

于易水送别

〔唐〕骆宾王

此地别燕丹，壮士发冲冠。
昔时人已没，今日水犹寒。

（二）原文解析

本课安排了两首诗，第一首是战国时期荆轲的作品《易水歌》，第二首是唐代骆宾王的作品《于易水送别》。这两首诗内容相关联，都与“易水”有关，都与荆轲刺秦王的故事有关，但时代不同、风格不同，表达的思想情感也截然不同。

1.《易水歌》。“导读”介绍了本诗的创作背景——战国后期，秦国发动了吞并六国的战争，弱小的燕国危在旦夕，燕太子丹请荆轲谋刺秦王嬴政。为答谢燕太子丹的知遇之恩，荆轲慨然应允。出发时，燕太子丹同众宾客送荆轲至易水河畔，荆轲的好友高渐离击筑（一种形状似筝的古代乐器）为他送行。和着音乐，荆轲高声吟唱出了这首短诗。

这是一首有楚辞风格的诗，全诗语言直白简练，虽然只有四句共三十个字，但却以其悲壮的情感、豪迈的誓言，成为中国诗歌史上的千古绝唱。

这首诗第一句“风萧萧兮易水寒”，以一种起兴的手法先描写萧瑟的秋风、寒冷的易水，一下子便将人带入一种苍凉冷冽的境地，带入一种悲壮肃杀的氛围中。紧接着一句“壮士一去兮不复还”，大义凛然、义无反顾、誓死不归的英雄气概，叫人肃然起敬。第三句“探虎穴兮入蛟宫”，是荆轲自知，刺杀秦王就像到虎穴到龙宫一样危险。最后一句“仰天呼气兮成白虹”，这是一种自白也是一种誓言：我充满英勇的气概和无畏的斗志，连仰天吐气都能形成白虹。

这首诗在写法上很巧妙，先通过写萧瑟的秋风和寒冷的易水，以景渲染肃杀的氛围，透露悲壮的情绪，然后直接抒情明志，抒发自己慷慨赴死的激昂情感和凌云壮志。这种借景抒情、情景交融的写法更见悲壮。

2.《于易水送别》。在荆轲唱出《易水歌》千年后的唐代，作者骆宾王同样于易水处写下了《于易水送别》。先看看写此诗的骆宾王当时是怎样一种境遇。唐高宗仪凤三年（678年），骆宾王担任侍御史一职，不久后被诬陷而下狱。不过，到了第二年秋，他又遇赦出狱。当年的冬季，他就奔赴幽燕一带，投身军中，决心报效国家。但此时的他有对当朝统治者的愤愤不满，也有对未来的彷徨苦闷，心情十分压抑。于是，他在与友人告别的易水之处怀古伤今，写下了这样一首特别的送别诗。

第一联“此地别燕丹，壮士发冲冠”，是作者触景生情，想起荆轲出征的场景，用“壮士发冲冠”歌颂荆轲慷慨激昂的壮志，既表达对荆轲的崇敬之意，也透露出自己的满腔抱负。

第二联“昔时人已没，今日水犹寒”，突然回到现实，昔日的英豪已经长逝，今天这易水还那样凄寒。作者怀古伤今，一个“寒”字，寓意深刻，作者感到的不仅是水冷气寒，更是意冷心寒，这个“寒”字蕴蓄着作者内心多少难以遏止的激愤之情和失落之意。

作者面对易水岸边即将离去的友人，不谈伤情不谈离别，只是想向知心好友倾诉难酬的抱负和无尽的愤懑。作者感怀荆轲，既是自己内心情感的一种抒发，也是将别时对友人的一种激励。

此诗在写法上先“怀古”后“伤今”、先“咏史”后“抒怀”，古今之情皆寓于景，以景结情，全诗一古一今、一扬一抑、一明一暗、一情一景，易水跨越古今，情感超越了时空，最后统一在“今日水犹寒”的“寒”字上，将对荆轲的崇敬和羡慕、对自己遭遇的苦闷和失落、对人生的抱负和希望、对友人的激励和期盼等都融入诗中。

三、教学建议

一节课要学习两首诗，任务相对较重，教学时必须要有取舍，要发现两首诗的关联处，找到契合点。本课教学建议有以下三点：

（一）在诵读品悟上着力，找准重点

这两首诗都是短诗，语言都直白简练，学生可以轻松读熟读懂，所以教学的侧重点要放在诵读悟情上。

在读正确、读流利的基础上，让学生初步感受两首诗大致的情感基调，指导学生通过入情入境的诵读变化，比如停顿变化、轻重变化、语速变化、语调升降等来感受人物内心情感的变化。

（二）从创作背景入手，化解难点

知人论世，引导学生通过了解作者所处的时代背景，了解作者的际遇及其当时的心境，从而理解作者的创作意图，进而真正理解作者表达的情感和思想，真正触摸到诗的内涵，这是化解小学生学古诗词解意悟情困难的一个好方法。

《易水歌》源于“荆轲刺秦王”的历史故事，那么为什么荆轲要刺秦王？他又为何甘愿赴死？通过设置问题将学生带入战火纷飞的战国时代，让学生知史知人知情，激发学生的兴趣，也更容易让学生产生深刻的感悟。

《于易水送别》源于“易水”，忆起荆轲，那么为何送友人不述离愁却话荆轲？通过提问，把学生带入探究骆宾王的身世

际遇的学习过程中，既能充分激发学生的兴趣，又能为学生进入作者的情感世界打开入口，激活学生的情感体验，一步步走进作者所营造的情境里，走进作者的内心世界，走进情景交融的意境之中，与作者进行一场跨越时空的心灵对话。

（三）用两诗的关联比对，领略风格

这两首诗的教学要有侧重，以第一首诗为主，进行精读品悟，然后由第一首诗带出第二首诗进行略读。在大致品读完两首诗后，可以让学生找出两首诗的异同之处。可以从内容谈，比如诗题都有“易水”，说明两首诗的故事都发生在同一个地点——易水。再如第一首诗的首句写“易水寒”，第二首诗的最后一句写“易水犹寒”，这两个“寒”的含义一样吗？（一寒是悲壮，一寒是心凉。）

也可以从情感与方法上说，比如在写作方法上，一个是情景交融，一个是古今对比，但都很巧妙；在情感表达上，一个豪情壮志、视死如归，一个失意惆怅、壮志未酬空遗恨。

在课堂上构建一个良好的情境，让学生个性化地表达见解，逐步引导学生加强对作者思想情感的体悟，进而增强学生的自信心，激发学生的阅读兴趣，使其充分领略不同作品的不同风格和艺术特色。

四、教学设计示例

（一）历史故事导入

根据课前收集的资料，说说“荆轲刺秦王”的故事起因，从而引出：今天我们就一起来学习荆轲出征时高歌的《易水歌》。

（二）精读《易水歌》

1.检查学生课前阅读的成效。

（1）读诗文（齐读、指名读）。

（2）学生不看书抢答以下问题："易水"是什么？"虎穴""蛟宫"分别指什么？"白虹"是什么意思？

2.教师引读，帮助学生悟情。

"风萧萧兮易水寒"，读首句感受到什么？——风冷，水冷。在这冰冷中，我们想象一下，带着赴死之心的荆轲面对此情此景，面对对自己寄予厚望的燕太子丹，面对知心好友，心中更是悲壮。一起读下一句。

"壮士一去兮不复还"，所以，他慷慨立誓言——"壮士一去兮不复还"！这是舍生取义的壮士的豪迈。再读下一句。

"探虎穴兮入蛟宫"，明知山有虎，偏向虎山行！把"探"和"入"读重一些，你感受到什么？——决心、气魄、胆识。

"仰天呼气兮成白虹"，呼出的气能化成"白虹"——气吞山河的英雄气概！

再读升华：再读全诗，你的脑海里浮现的是一个怎样的荆轲？

（三）略读《于易水送别》

教师引导：荆轲刺秦王失败，以死殉国，永远地走了，可是他的诗还在，故事还在，精神还在。你看，时光流转，千年后，易水岸边又出现了一番离别之景，又有一千古绝唱出现。看，他是谁？写下了什么？

1.全班诵读《于易水送别》。

2.引导学生品读前两句：诗的前两句是写谁？——荆轲。文字中你感受到作者是带着怎样的一种情感写荆轲的，读出来。

3. 引导学生品读后两句：后两句，你反复读读，诗句的背后，让你看到一个怎样的作者？先让我们看看骆宾王的身世。你觉得他在表达什么？从哪个字能看出来？

4. 全班齐诵。

（四）对比两首诗的异同，感悟方法

1. 出示两首不同情感基调的音乐，一首悲壮豪迈，一首低沉伤感，让学生为这两首诗选配乐，并说明原因。

2. 除了情感基调不同，这两首诗还有什么异同？让学生分小组讨论后回答。

五、教学资源链接

骆宾王

骆宾王作为“初唐四杰”之一，一生著作颇丰，为荡涤六朝文学颓波、革新初唐浮靡诗风、开辟唐代文学的繁荣局面做出了贡献，因而成为中国文学史上有影响力的人物，长期以来受到人们的赞誉。

骆宾王的绝句小诗，如《于易水送人》《在军登城楼》，寥寥二十字中，充满壮志豪情，激荡着风云之气，颇见其个性风格，在初唐绝句中也是不多见的。齐梁文学走向盛唐文学的发展脉络中，骆宾王是一位承前启后的人物。骆宾王一生处于理想与现实、怀才与不遇的矛盾冲突中，造就了他耿介正直的性格和积极进取的人生态度，他的诗文中贯注着饱满的激情和强烈的自我意识，以七言歌行见长。

第五课　长歌行

一、教学目标

1. 初步感受《长歌行》五字一句、两句一韵的汉乐府民歌的语言特点，并能在富有音韵美的反复诵读中，背诵整首诗歌。

2. 自读自悟，知晓文意，能用自己的话说出诗文的大意，能在反复诵读中感悟诗中蕴含的对自然的思考、对人的劝勉。

3. 初步了解诗中“兴而比”表现手法的运用，体会比和兴手法在诗歌表情达意的运用中所呈现的独特的表现力和感染力。

二、教材解读

（一）原文

长歌行

汉乐府

青青园中葵，朝露待日晞。
阳春布德泽，万物生光辉。
常恐秋节至，焜黄华叶衰。

百川东到海，何时复西归？
少壮不努力，老大徒伤悲。

（二）原文解析

《长歌行》是汉乐府诗的一首，原有三节，这里选的是第一小节。

这首《长歌行》共十句，每句五字，隔句押韵，押“i”韵。整首诗的语言朴素，浅显易懂，但是饱含哲理、耐人寻味，是一首劝勉人们珍惜少年时光，努力进取、奋发向上的乐府民歌，极具感召力。

“青青园中葵，朝露待日晞。”该句是写园中青青的葵菜充满了生机，清晨，片片绿叶上面滚动着晶莹的露珠，待到太阳出来，露珠便干了。

“阳春布德泽，万物生光辉。”该句是写万物在整个春天的阳光雨露滋养下蓬勃生长，生怕错过了春光。

“常恐秋节至，焜黄华叶衰。”该句说的是万物都担心秋天一到，叶子枯黄，百草凋零。其中的“恐”字，看似是写万物的担忧，实则表现出人们对春光易逝、春去秋来这一自然法则的无奈，意在说明青春凋谢的不可避免，所以，要珍惜这稍纵即逝的青春。

“百川东到海，何时复西归？”该句说的是千万条河流向东奔涌而去，最后汇入大海，可是，它们什么时候能回到西边去呢？这里又从前几句的时序更替联想到宇宙的无尽时间和无垠空间，时光像东逝的江河，一去不复返。

“少壮不努力，老大徒伤悲。”该句由对宇宙的探寻转入对人生价值的思考：人啊，少时不去努力，白白浪费了大好时光，等老了只有白白伤心叹息了。句中的“徒”字意味深长：一是说老大无成，人生等于虚度了；二是说老年时才醒悟将于事无补，徒叹奈何，意在强调必须及时努力。

此诗从“园中葵”说起，到露珠易干、春天易逝、花叶易枯，再用水流入海不复回等一系列自然现象，说明光阴如流水，一去不复返。最后劝导人们，要珍惜青春年华，发奋努力，不要等老了再后悔。

这首诗在写法上采用了“托物起兴”。作者“先言他物以引起所咏之辞也”，由园中葵的蓬勃生长、朝露易干，写到自然万物由于春光、雨露都在闪耀着生命的光辉，展现出世界到处是生机盎然、欣欣向荣的景象。这里借赞春天来赞人的青春，也把人生充满青春活力的时期比作一年四季中的春天，由此可以看出这首诗的写法，即所谓的“兴而比”。接着再去引发人的思考：自然界的万物有一个春华秋实的过程，人生也有一个少年努力、老有所成的过程。自然界的万物只要有阳光雨露，到秋天自能结出果实，人却不同，缺乏自身的努力是不能成功的。万物经秋变衰，却实现了生命的价值，因而不足伤悲；人则不然，因“少壮不努力”而老无所成，就等于空走世间一趟。调动读者思考，无疑比代替读者思考高明，正由于此，这首诗摒弃了容易引人生厌的说教，使最后的警句显得浑厚有力、深沉含蓄，如警钟长鸣一般，深深地打动读者的心。

三、教学建议

（一）让学生自学

《长歌行》是一首五言诗，共十句，语言质朴自然、浅显易懂。通过学习前四课，学生初步掌握了古诗的朗诵技巧和学习方法，本课教学建议在识字、读韵、识律、知意等方面放手让学生自学，教师给学生展示的时间和空间，适时地给予一些指导，帮助其提升。

可以通过设置问题，如："通过自学，你新认识了哪个字？""通过自读，你发现这首诗的韵律上有什么特点？"引导学生学习、思考，鼓励其表达自己的观点，展示自己的学习成效。

这种教师只为学生提供"向导"服务、学生自主学习的方式，既可以培养学生自学古诗词的能力，也可增强学生学习的信心。

（二）抓住意象引发思考

在理解诗句的大意后，学生对文中出现的一些意象事物有了模糊的感知，如"园中葵""朝露""阳春""华叶""东到海"等。可是，作者借用自然界的这些物象想要告诉我们什么？教师要由此启发学生联系后面的"少壮不努力，老大徒伤悲"，从而引导学生将这些物象与人生进行比对，进而思考人生的价值，探寻生命的意义。

四、教学设计示例

（一）回顾导入

1.教师引导：《诗经》的《凯风》《鹿鸣》给我们呈现的是我国春秋时期的生活景象，随后，我们跟随着作者的脚步来到了战国时代，感受到了《楚辞》的风格，认识了爱国诗人屈原，学习了他的《国殇》，认识了英勇出征刺秦王的荆轲，学习了他的《易水歌》。到了汉武帝时期，出现了一种新的诗歌体裁，叫乐府诗，今天，我们就来学习其中的一首《长歌行》，看看这个时代的诗歌有什么不一样的特点。

2.读题解题（《长歌行》汉乐府，强调多音字"长""乐"的读音）。

3.补充介绍汉乐府。

（二）自学检测

将学生分为两组，请两组学生根据教师出的题目或要求进行比赛。

1.第一环节：字词关——抢答，对一题加十分。

“朝露”的“朝”正确读音是什么？为什么？

“晞”的意思是什么？可以从哪里看出意思？

“布”在文中的意思是什么？

“德泽”是什么意思？请结合诗句的意思来说。

“焜黄”是什么意思？

“衰”是什么意思？加个草字头成什么字？

2.第二环节：诗意关——对答，答对得二十分。

双方互相出题给对方答。先是指定诗句让对方说意思（不可看书），然后是自己说意思（可看书），让对方快速说出对应的诗句。

3.第三环节：诵读关——必答，满分二十分。

每组选出最佳选手比赛诵读，再每组分别齐诵一遍，最后由对方小组指定一名同学诵读。（教师要及时点评、打分。）

4.小结。

（三）导思悟理

1.引导读出景物：再读诗文，你读出了诗文中的哪些景象？请圈起来。（葵、朝露、阳春、万物、秋节、华叶、百川。）

2.感悟道理：这样的一些事物与最后的“少壮不努力，老大徒伤悲”有关联吗？有什么关联？

（1）小组讨论，可以用思维导图的方式来表示。

（2）汇报展示。

3.教师小结，说明此诗独特的“兴而比”的写作方法。

4. 诵读，再次发出感叹和思考。

（四）导心导行

1. 请根据文中蕴含的道理，找一找还有哪些劝勉人们珍惜时光的诗。

2. 练习背诵。

3. 展示背诵。

五、教学资源链接

《乐府诗集》

《乐府诗集》由北宋郭茂倩所编，现存一百卷，是现存收集乐府诗最完备的一部集子。《乐府诗集》内容十分丰富，反映社会生活面很广，主要辑录汉魏到唐、五代的乐府歌辞兼及先秦至唐末的歌谣，共五千多首。它搜集广泛，各类有总序，每曲有题解。

“乐府”，古代音乐官署，建置始于秦，汉武帝时规模较大。其具体任务是制作乐谱、收集民间诗歌、乐曲和训练音乐人才。后来，人们将乐府机关采集的诗篇称为乐府，或称乐府诗、乐府歌辞，于是“乐府”便由官府名称变成了诗体名称。

乐府双璧为《木兰诗》与《孔雀东南飞》。其中《孔雀东南飞》为长篇悲情诗。

《乐府诗集》把乐府诗分为郊庙歌辞、鼓吹曲辞、相和歌辞、杂曲歌辞等。郊庙歌辞是为统治者祭祀所作的乐歌；鼓吹曲辞原是军歌，后用于宫廷朝会、贵族出行等场合，现存《铙歌》十八首；其余两类包括从各地采集的民间歌谣，含有若干反映当时民间疾苦的作品。

第六课　偶　成
冬夜读书示子聿（其三）

一、教学目标

1. 初步感受诗文七言绝句的语言特点，并能在富有音韵美的反复诵读中，背诵本课的两首诗。

2. 能用自己的话说出诗文的大意，能在反复诵读中感悟诗中蕴含的道理。

3. 能体会诗中“珍惜时光、发奋学习、立志而为、学用结合”的道理，并在日常生活中加以实践。

二、教材解读

（一）原文

偶　成

〔南宋〕朱熹

少年易老学难成，一寸光阴不可轻。
未觉池塘春草梦，阶前梧叶已秋声。

冬夜读书示子聿（其三）

〔南宋〕陆游

古人学问无遗力，

少壮工夫老始成。

纸上得来终觉浅，

绝知此事要躬行。

（二）原文解析

第一首诗《偶成》是宋朝理学家朱熹所作。相传朱熹年老时，有一天散步到一所学堂，看到一群学子在学堂外的池塘边打闹玩耍。当时正值深秋时节，略带凉意的秋风吹来，枯黄的梧桐树叶随风飘落而下，朱熹触景生情，想到自己已然发白年迈，不禁感慨万千，随口吟下这首诗，所以将诗取名为《偶成》，后人根据诗的内容也把这首诗题名为《劝学诗》。

这是一首七言绝句，整首诗语言平实直白，语意浅显易懂。

“少年易老学难成，一寸光阴不可轻。”该句是朱熹的切身体悟，他想以此告诫年轻人，青春时光十分易逝，可是学问却很难取得成果，所以大家要珍惜每一寸光阴，趁年轻的时候好好学习，把握好这宝贵的时光，一寸光阴也“不可轻”。一位深谙世事的老者对年轻人的真诚劝勉溢于字间。

“未觉池塘春草梦，阶前梧叶已秋声。”该句敏锐而细腻，作者先借用典故“池塘春草梦”来告诉我们美好的青春年华是很容易消逝的，再抓住眼前的“阶前梧叶”，以现实敲醒年轻人，要把握青春时光，刻苦勤学，有所作为。

这首诗的写法很有特色。朱熹作为一个理学家，他的诗往往蕴含一些哲理，这首诗蕴含“时光易逝，学当惜时勤勉”的道理。但作者的独到之处是能用贴切而生动的比喻来说明道理，他用“未觉”“已秋声”来比喻时间飞速、岁月易逝的程度，使得诗歌不仅不枯燥乏味，而且增强了劝勉的力度。

第二首《冬夜读书示子聿（其三）》是南宋陆游写给小儿子陆聿的教子诗。南宋庆元五年（1199年）一个冬日的夜晚，窗外北风呼啸、寒气逼人，而书房内的陆游正陶醉在书卷里，手不释卷。读着读着，他心潮澎湃，挥笔疾书，写下了这首富含哲理又满怀深情的诗，送给儿子陆聿。那年陆聿二十一岁，正值“少壮”之龄。

“古人学问无遗力，少壮工夫老始成。”该句是陆游告诉儿子：古人学习知识从来都是拼尽全力的，人只有从年轻时就开始努力，到了老年才能取得成功。只有像古人一样，少年时养成学习的好习惯，打好扎实的基础，将来才能成就一番事业。注意，这里的“学问”是动词“学习”的意思，“无遗力”三个字，形象生动地写出了古人做学问勤奋用功、孜孜不倦的程度，让人透过文字仿佛看到作者在语重心长地告诫儿子：“儿子啊，你要趁着年少精力旺盛，抓住美好时光奋力拼搏，切莫让青春年华付诸东流，只有在年轻的时候下足功夫，老了才能有所作为。”

“纸上得来终觉浅，绝知此事要躬行。”该句是陆游特别告诫儿子：一个人持之以恒、孜孜不倦地学习固然是重要的，但仅仅如此还是不够的，书本知识只是前人实践经验的总结，我们不能只从书本上获得知识，也不能纸上谈兵，我们要“躬行”，要亲身去实践、去体验、去检验。一个既有书本知识，又有实践经验的人，才是真正有学问的人。这里的“要躬行”既是说明我们在学习过程中要“躬行”，要做到“口到、手到、心到”，也是强调我们在获取知识后还要“躬行”，通过亲身实践将知识化为己有、转为己用。陆游是在激励儿子不要只满足于书本知识，而应在实践中夯实和升华学到的知识。

这首诗中，陆游用心良苦，先用古人为儿子立榜样——要不遗余力地下苦功夫，才能“老始成”，激励儿子莫负年华，要勤学苦学，争取“老有所成”，这是引导儿子立志向。然后再直接告诉儿子学习的方法“要躬行”，不要读死书，要知行合一，要注重实践，为世人留下了深邃的教育思想。

这两首诗同属一个朝代，也都是七言绝句，语言风格相似，内容主题相同，放在同一课进行组合教学，可以提高课堂效率，扩大学生的阅读量，丰富学生的古诗词积累。

三、教学建议

（一）从创作背景入手，透视作者的内心

这两首诗的内容都属于长辈教育晚辈要惜时、要勤勉的劝勉诗、说理诗。这类诗如果单纯从文字入手，学生会觉得空洞、乏味，很难在内心和情感上产生共鸣。

教学时，可以先从诗歌的创作背景入手，让生活化的情景以故事的形式进入学生的视野，让作者和作者所倾诉的对象都活灵活现地展现在学生眼前，学生的体悟和兴致就完全不同了。看作者所看、想作者所想、说作者所说，不但能引发学生强烈的学习兴趣，还能充分调动学生的情感共鸣、激活学生的情感体验，一步步走进作者的内心世界，聆听作者创作诗歌时的心声。

（二）从诵读察韵入心，体悟诗中的道理

两首诗都是七言律诗，又都是劝勉诗，而且语言直白、通俗易懂，所以，在教学时不需要生硬地讲解道理、解释意思，可以让学生在有节奏、有轻重、有缓急、有层次的诵读中用心

去体会、去发现、去感知。

在教学时，教师可以穿插一些人物对话式的旁白，引领学生将自己转换成作者的角色去进行表达式的诵读。比如，通过停顿表现老人对晚辈的谆谆教导，通过字音的轻重来表现作者的情之切切，通过这些技巧的运用读出诗歌的韵律之美。

偶　成

〔南宋〕朱熹

少年易老/学难成，一寸光阴/不可轻。

未觉/池塘/春草梦，阶前/梧叶/已秋声。

冬夜读书/示子聿（其三）

〔南宋〕陆游

古人学问/无遗力，

少壮工夫/老始成。

纸上得来/终觉浅，

绝知此事/要躬行。

（三）从组合对比入脑，铭记诗中的警句

在学生对两首诗都进行了诵读感悟后，可引导学生对比读这两首诗，先找找它们的相似点，从内容、语言、情感、道理等方面引导学生进行比较，既能感悟写作方法，又能加深理解和记忆。然后再联系实际，引导学生形成“人—情—理—生活”的情感认知过程，从而让学生完整体验从“诵读—感知—感悟—积累—运用”的学习活动过程。

四、教学设计示例

（一）直接揭题

1. 揭题：今天我们要学习宋朝的两首诗，《偶成》和《冬夜读书示子聿（其三）》，请读课题。

2. 解题：你从课题里读出了什么信息？

（二）故事导读

1. 教师讲故事：朱熹是在什么情况下创作《偶成》的呢？陆游又是在什么时候突然想到要写诗给儿子的呢？老师讲两个故事给大家听。

朱熹写《偶成》的故事：宋朝有个叫朱熹的人，这是一个很了不起的人，他是宋朝的理学家、教育家，还是一名诗人。有一天，年老的朱熹外出散步，经过一个学堂时，他看见一群孩子在学堂边的一个池塘边玩耍嬉戏，于是叹息地摇摇头，继续往前走，走着走着，又见梧桐树上随风飘下了一片片黄叶，原来秋天已至。此情此景，让朱熹有感而发，于是他写下了这首《偶成》。

陆游写《冬夜读书示子聿（其三）》的故事：宋朝还有一位名叫陆游的爱国诗人，他也写下了同主题的诗。一个寒冷的夜晚，窗外北风呼啸，室内寒气逼人，而书房内的陆游却陶醉在书卷里，手不释卷，根本感觉不到严寒。他读着读着，便觉得心潮澎湃、文思泉涌，于是挥笔疾书，写下了这首富含哲理又满怀深情的诗，并把这首诗送给他的儿子陆聿——那年陆聿二十一岁，正值“少壮”之龄。

2. 全班齐诵这两首诗。

（三）问题导悟

问题一：这两首诗在韵律上与前面学的那些诗有什么不同？指名说。

教师小结：一句七个字，叫七言，共有四句，所以叫七言绝句。

指名读，教师相机引导学生注意停顿、重音、缓急的处理。

问题二：你觉得作者在诗中想表达什么？从哪句诗中看出来的？

先四人一组进行讨论，然后汇报。

教师进行人物对话式旁白，引导学生读出相关的诗句。

问题三：你觉得两首诗的相似之处有哪些？

同桌之间先交流，然后各小组将各自的发现写到黑板上，进行交流分享。

教师小结：这两首诗的时代背景相同、语言相似、写法相似、阐述的道理相似。

（四）实践导行

1.限时背诵：可以全背或选背经典语句。

2.联系生活运用诗句：同学们，这两首诗给了我们很多启发，我们也可以将这些启发分享给别人，或者运用到实际生活中。

比如你可以用来提醒别人珍惜时间好好学习的句子是哪句？

你觉得和“少壮不努力，老大徒伤悲”意思最相近的句子是哪句？

请你选择这两首诗中的一句，作为自己的座右铭。

五、教学资源链接

朱　熹

朱熹（1130—1200），字元晦，又字仲晦，号晦庵。祖籍徽州府婺源县（今江西省婺源县），生于南剑州尤溪（今属福建省尤溪县）。中国南宋时期理学家、教育家。

朱熹十九岁考中进士，曾任江西南康、福建漳州知府、浙东巡抚等职，做官清正有为，振举书院建设。官拜焕章阁侍制兼侍讲，为宋宁宗讲学。

朱熹晚年遭遇庆元党禁，被列为“伪学魁首”，削官奉祠。南宋庆元六年（1200年）逝世。后被追封为太师、徽国公，赐谥号“文”，故世称朱文公。

朱熹是“二程”（程颢、程颐）的三传弟子李侗的学生，与“二程”合称“程朱学派”。他是唯一非孔子亲传弟子而享祀孔庙，位列大成殿十二哲者。

朱熹是理学集大成者，闽学代表人物，被后世尊称为朱子。他的理学思想影响深远，成为元、明、清三朝的官方哲学。

朱熹著述甚多，有《四书章句集注》《周易本义》《诗集传》《楚辞集注》。

第七课　今日歌

一、教学目标

1. 初步感受《今日歌》直白明快的语言特点，并能在富有音韵美的诵读中，背诵整首诗歌。

2. 借助注释自读自悟，能用自己的话说出诗文的大意，能在反复诵读中感悟作者对我们的劝勉。

3. 能将其与近期所学的几首同为劝人惜时的劝勉诗进行对比辨析，初步感悟同一主题不同写作风格和写作方法带来的不同感受，提高诗歌鉴赏能力。

二、教材解读

（一）原文

今日歌

〔明〕文嘉

今日复今日，今日何其少！

今日又不为，此事何时了？

人生百年几今日，今日不为真可惜！

若言姑待明朝至，明朝又有明朝事。

为君聊赋《今日诗》，努力请从今日始。

（二）原文解析

《今日歌》的作者是明代著名才子文嘉。诗歌的语言通俗易懂，如白话一样，但字字句句情真意切、饱含真情，催人奋进、教人警醒，直白告诫人们不要虚度年华、荒废光阴，要珍惜时间、奋发有为。它和《明日歌》是姊妹篇，前者劝说我们要抓紧今日，今日事要今日毕，后者告诫我们不要等待明日，今日事要今日毕。两诗的主旨实为一样，都在说明要抓住时间奋发努力，都是劝人惜时之诗。

《今日歌》全诗共十句，前四句为五言句，押“ao”韵，后六句为七言句式，转押“i”韵，整首诗读起来朗朗上口、节奏明快。

“今日复今日，今日何其少！”该句是说：人，有事的时候总想等等，总觉得过了今天还有下一个今天，殊不知，其实今天是多么少啊！

“今日又不为，此事何时了？”该句是说：等到又一个“今日”，这事又被耽搁下了，又不做了，这样一天等一天，什么时候才能做完？因此，每个人从懂事之日起，就应该珍惜每一个“今日”，最好是今日事今日毕，不要借种种理由推到明日。

“人生百年几今日，今日不为真可惜！”该句是说：算算看人的一生，从小到大到老，一个个“今日”连贯起来，即使活到一百岁，也只有三万多个“今日”，所以说人生匆匆，一晃而过，你总是等啊等，错过了一个又一个今天，一天一天地浪费了真可惜啊！

“若言姑待明朝至，明朝又有明朝事。”该句是说：有人总是喜欢说有事明天再来做，姑且等到明天，可是，明天还有明天的事。

“为君聊赋《今日诗》，努力请从今日始。”该句是说：所以，我想为大家写这首《今日诗》，请珍惜今日，今日与明日只有一夜之隔，或说一时之隔，过了子夜，明日成了今日，今日成了昨日，时间就如水般流逝，人生也在不知不觉地缩短，青少年一转眼就变成中年人了，再一眨眼就变成老年人了。有朝一日，当我们皱纹满面、白发苍苍时，回首一生，你会为自己的努力感到欣慰，而不是为自己的虚度年华而悔恨，所以说，让我们就从今天开始努力吧，每日坚持今日事今日毕，每天积攒知识、修身养德，让每一天都过得充实而有意义。

三、教学建议

本课教学可以从复习前面学的几首劝勉诗《长歌行》《偶成》《冬夜读书示子聿（其三）》导入，让学生自主朗读，在读通、读顺的基础上，再根据注释理解诗文，并用自己的话来说说诗意。这样放手让学生充分自学后，教师再进行诗文理解和运用的指导。

（一）分步指导朗读和背诵

初读时，先让学生展示读，提醒把多音字“朝”读正确，要求读准字音读熟诗句。然后再提醒学生回顾古诗节奏的规律，把握好这首诗的节奏。根据学生的朗读情况，教师相机进行指导。

今日歌

〔明〕文嘉

今日/复/今日，今日/何其/少！

今日/又/不为，此事/何时/了？

人生百年/几/今日，今日不为/真/可惜！

若言/姑待/明朝至，明朝/又有/明朝事。

为君/聊赋/《今日诗》，努力/请从/今日始。

到读文明意时，要引导学生将理解和朗读结合起来，比如，“今日复今日，今日何其少”是在说时间流逝得快，看到时间白白流逝，此时作者的心情急切，所以语速要快一点。而接下来的“今日又不为，此事何时了”，这两句就得加速了，句中的“又”要重读，急切中带着失望，“何时”要重读，那是失望后的质问语气。而后第五句至第八句是语重心长的告诫，语速可以缓慢而沉重些。最后两句是告诫后的叮嘱，语气应坚定且有感召力。

最后的朗读背诵训练，可以采用多种形式，比如师生对读、分组读、个人表演诵、首字提醒背、上下对句背等，让学生在情趣盎然的学习氛围中获得积淀、获得提升。

（二）比较三首惜时古诗，感悟不同的写作方法

从第五课的《长歌行》，到第六课的《偶成》，再到今天所学的《今日歌》，这三首古诗都是惜时勤勉的劝学诗，所以，教师可以在熟读感悟完这首诗后，提出问题：“请大家回忆一下，本学期学的古诗中还有哪首诗的内容与这首诗相近？”学生回答后，再把这三首诗联系起来，进行对比朗读。

请学生细细品读，找出这三首诗的作者在写作方法上有什么不同，以及最喜欢哪一种表达方式？请说明理由。

《长歌行》先用自然万物的生长规律来比喻时不我待，然后发出告诫：少壮不努力，老大徒伤悲。

《偶成》则先提出警示“少年易老学难成，一寸光阴不可轻”，然后以春已去、秋忽来的自然现象来说理。

《今日歌》则是直接说理、直抒胸臆，言辞切切、真情流

露，多处采用“何其少”“何时了”“几今日”等情感强烈的短语，引人警醒。

四、教学设计示例

（一）复习导入

1. 教师说上句，学生快速对出下一句诗。

少壮不努力，________。

少年易老事难成，________。

古人学问无遗力，________。

2. 引出课题：你们发现这些诗句都表达了什么？指名说。

今天让我们再来学习一首劝勉诗，看看作者又是怎么说的。

（二）初读知韵

1. 检测自读情况——读正确读流利。

（1）读正确：课前已经自读了，诗文能读准吗？齐读后，再指名读。强调“朝”字的正确读音。

（2）读流利：加快速度读、男女赛读、小组赛读。

2. 引导读出节奏——感受声韵之妙。

（1）默读后指名说：读着读着你发现这首诗在句式上有什么特点？（前四句是五字句，后六句是七字句。）

（2）同桌间先讨论交流，再举手回答：你发现了这首诗押韵的规律吗？（前四句是押“ao”韵，后六句转押“i”韵。）

（3）指导朗读：这首诗应该读出怎样的节奏呢？

教师诵读示范后，再指名学生诵读，教师通过对比指导学生掌握这首诗的停顿节奏。

（三）再读会意

1. 品读前四句。

出示诗句，指名读——

今日/复/今日，今日/何其/少！

今日/又/不为，此事/何时/了？

（双横线表示快读，加点表示重读。）

根据学生的朗读相机进行朗读指导，通过重音、语气、语速的变化来表达作者对大家白白浪费时间不作为的惋惜、痛心。特别注意“何其少”“何时了”语气的强烈。

2. 品读中间四句。

（1）出示诗句，指名几名学生诵读——

人生百年/几/今日，今日不为/真/可惜！

若言/姑待/明朝至，明朝/又有/明朝事。

（2）学生互相评价，教师相机指导朗读，注意“几今日”反问语气的强烈，注意用语重心长的语气来表达诚恳真切的劝勉之情。

3. 品读最后两句。

（1）出示诗句，全班齐诵——

为君/聊赋/《今日诗》，努力/请从/今日始。

（2）说说这里的《今日诗》为什么要用书名号。

4. 诵读全诗，并背诵。

（1）全班齐诵，指名说说作者在劝勉我们什么。

（2）多种方式诵读，在诵读后进行背诵训练。

（四）再诵悟法

1. 说说还有哪些劝学诗，请背诵出来。

2. 出示这三首内容相近的诗——《长歌行》《偶成》《今日

歌》，让学生对比诵读，分析三位作者在写法上有什么不同。小组讨论，然后汇报。

3.学生交流：你最喜欢谁的表达方式？请说出理由。

五、教学资源链接

文　嘉

文嘉（1501—1583），字休承，号文水，南直隶苏州府长洲（今江苏苏州）人。大书画家文徵明次子。吴门派代表画家。初为乌程训导，后为和州学正。

能诗，工书，小楷清劲，亦善行书。精于鉴别古书画，工石刻。画得徵明一体，善画山水，笔法清脆，颇近倪瓒，着色山水具幽澹之致，间仿王蒙皴染，亦颇秀润，兼作花卉。

他的传世作品有嘉靖十九年（1540年）作《山水花卉图册》十开，现藏广东省博物馆；嘉靖二十年（1541年）作《垂虹亭图》卷，藏苏州市博物馆；万历元年（1573年）作《寒林钟馗图》轴，藏南京博物院；《江南春色图》卷，藏沈阳故宫博物院；《水亭觅句图》轴、《设色山水图》轴，藏辽宁省博物馆；《秋塘红藕图》，藏天津市艺术博物馆；《石湖小景图》轴、《夏山高隐图》轴、《琵琶行图》轴和万历二年（1574年）作《溪山行旅图》轴，藏故宫博物院；《沧江渔笛图》《曲水园图》卷，藏上海博物馆。著有《钤山堂书画记》《和州诗》。享年八十三岁。

他的诗歌还有《今日歌》的姊妹篇《昨日歌》和《明日歌》。

昨日歌

昨日兮昨日，昨日何其好！

昨日过去了，今日徒懊恼。

世人但知悔昨日，不觉今日又过了。
水去日日流，花落知多少。
成事立业在今日，莫待明朝悔今朝。

明日歌

明日复明日，明日何其多。
我生待明日，万事成蹉跎。
世人皆被明日累，春去秋来老将至。
朝看水东流，暮看日西坠。
百年明日能几何？请君听我《明日歌》。

第八课　杂诗三首（其二）
相　思

一、教学目标

1. 在富有音韵美的反复诵读中，初步感受这两首诗质朴明快的语言风格、和谐柔美的音韵格律。能背诵这两首诗。

2. 知晓文意，能用自己的话说出诗文的大意，能在反复诵读中感悟作者思乡怀人的情感。

3. 初步体会诗中“托物寄情”表现手法的运用，以及其在诗中表达情感的独特作用。

二、教材解读

（一）原文

杂诗三首（其二）

〔唐〕王维

君自故乡来，应知故乡事。
来日绮窗前，寒梅著花未？

相　思

〔唐〕王维

红豆生南国，春来发几枝？

愿君多采撷，此物最相思。

（二）原文解析

本课安排了两首王维的诗，体裁都是五言绝句，内容都是思乡怀人。

第一首《杂诗三首（其二）》是王维隐居孟津时写的思乡组诗《杂诗三首》中的第二首。

王维是唐朝著名的诗人、画家，他的诗大多以歌咏山水田园为主，与孟浩然合称“王孟”，因为笃诚奉佛，也有“诗佛”之称。他出生于河东蒲州（今山西永济），当时其家族属于河东望族。王维少年时代就显露出出众的才华。十五岁那年，他到京都求仕，因为才华横溢，诗、书、画、音乐等样样精通，很快便成为京城的名士，成为很多达官贵人的座上宾。唐开元九年（721年），王维中了进士，由此踏上了顺风顺水的仕途，先后任右拾遗、河西节度使判官等职，那时的王维也决定一生为国尽职尽责。

然而天不遂人愿，唐天宝十四年（755年），发生了历史上著名的“安史之乱”。次年，安禄山叛军攻陷潼关，随后又攻入长安，唐玄宗仓皇而逃，王维被俘。被俘后，王维假称患病以避世，但是因为他名气太大，安禄山偏偏注意到了他，还特意派人迎接他到洛阳，将他拘禁在菩提寺，硬给他一个给事中的职位。

唐天宝十六年（757年），唐军收复长安、洛阳，王维与其他陷贼的官员一起被关进狱中，随后被押到长安。这些陷贼的官员按律例都要被处死，但王维幸免，因为他在被俘时写了一首《凝碧池》抒发国破之痛和思念朝廷之情，再加上他弟弟刑部侍郎王缙平叛有功，请求削籍为他赎罪，王维才得宽宥，降为太子中允。也许正因为他的仕途经历了这样的跌宕起伏，才更成就了他在诗歌上的造诣。在他长时间的半官半隐时期，他写了很多流传千古的辉煌诗篇，《杂诗三首》就是王维隐居孟津时的代表作。

《杂诗三首》都是思乡诗，本课摘选的是其中极具特色的第二首。

“君自故乡来，应知故乡事。”该句以对话的方式很质朴地表达出作者见到故乡来人，内心自然流露出来的惊喜，还有心底里对故乡情况的急切的探知欲望，这“喜”和“急”都是因为思乡情切。

“来日绮窗前，寒梅著花未？”该句诗极具画面感：“你来的时候看到我家镂花窗前那株梅花开了没有？”你看，一个久居他乡的异客，此时此刻，好不容易见到家乡人，作者心中有太多复杂难言的滋味，有太多急于要问的，却又不知从何说起，于是，所有的家乡的人和事都凝结在窗前那株梅花上，因为家乡的梅既是诗人心底最温馨的记忆，更是故园情怀的寄托，所以，这一个小小的“问梅”细节，把作者对家乡的深切思恋展现得淋漓尽致。表面看只是作者在与故乡人进行一般性的寒暄、询问，但往深层次去看，那是作者对家乡深深的怀念。

这首诗在写法上巧就巧在用语朴素平淡，似在拉家常，实质却诗味浓郁、情真意切。它似乎不用任何技巧，但实际上却包含着最高级的技巧。特别是后两句的独问寒梅，看似不经意的一问，却饱含打动人心的艺术力量。

第二首《相思》也是王维所作，风格与第一首诗相近。

全诗极为明快，韵律和谐柔美，语言委婉含蓄，语浅而情深。相传当时作品一经问世，即为人谱曲传唱，流行于江南一带。

这首借咏物而寄相思的五言绝句，全篇都围绕“红豆”来写。鲜红浑圆，艳如珊瑚的红豆产于南方，常被人们用以镶嵌饰物。传说古代有一位女子，因丈夫死在边地而哭死在树下，最后化为红豆，所以人们又叫它“相思子”，唐诗中常用它来寄托相思之情。而“相思”不限于男女情爱范围，朋友之间也有相思之情。而这首诗就是写朋友之情的，因为此诗题也作《江上赠李龟年》，可见诗中抒写的是眷念朋友之情。

首句“红豆生南国”写红豆产地，用“红豆”起兴，语言简明又直接，但富有想象空间。

次句“春来发几枝”，以“发几枝”来设问，语言朴实无华又形象自然，还暗藏友人间逗趣的小俏皮，让人感到格外亲切。

第三句“愿君多采撷”，诗句表面是叫友人“多采撷”，其实是说“你可得多记着我啊”，叮嘱朋友珍重友谊。当然，作者言在此而意在彼，表面是叫朋友记得自己，深藏的却是自身的相思之情。

末句“此物最相思”点明相思意，一个“最”字表情达意到了极致，回应了“多采撷”的理由，其实恰恰表达了作者自身寄托的相思之深，一语双关，既切中题意，又关合情思，真是妙笔生花、婉转动人。

全诗采用托物寄情的手法，满腹情思始终未曾直接表白，只是句句不离红豆。真是“超以象外，得其圜中”，作者就是这样不着痕迹地把相思之情表达得入木三分。往往越是情深的话越是朴实无华、自然入妙。王维就是个借朴素而自然的语言来表达深厚感情的高手。

三、教学建议

（一）扣准问题推进

教学时，教师可让学生先自主朗读古诗，读准字音、读通诗句，然后再借助注释了解诗意。在这一基础上，教师再利用一个个问题层层推进，引领学生进行深入学习。

比如教学《杂诗三首（其二）》时，教师可以利用问题引领学生了解作者生平，体会作者的写作意图，品一品诗中的妙笔，感知作者的内心情感——

“作者思念家乡，为什么却离开了家乡？”“作者见到故乡人，为何只问梅花开了否？”“读完后，你想给这首诗起个什么诗题？”

比如教学《相思》时，教师可以找到诗中的疑惑处问——“你认为这首诗是写红豆吗？”“你猜猜作者到底写与谁的相思，是友人还是爱人？”“你认为最能表达作者相思之情的是哪一句？”

这些问题可以由教师问也可以让学生去发问，无论是哪一种方式，通过问题来引导学生探究，启迪学生思维，可以让学生兴趣盎然地学习、步步深入地了解。

（二）借助资料悟情

在教学《杂诗三首（其二）》时，要让学生切身体会王维见到故乡人想问而不敢问的纠结，想回乡却不能回的思乡之苦，就得让学生了解王维在仕途上经历的挫折，明白他半官半隐的生活状态。所以，在教学中穿插王维少年得志、中年遇挫的身世故事极为必要，可以让学生全面了解人物和相关历史背景，进而深切地感受作者的情感。

在教学《相思》时，相机穿插王维和李龟年相识相知的故事，不但能提升学生的学习兴趣，还能帮助学生理解作者王维对友人李龟年的情感。

据说，王维在洛阳时，因为爱好音乐，经常去岐王府做客。而李龟年是当时有名的歌手，经常被请到岐王府表演，王维便成了李龟年的“音乐发烧友”。王维有异于常人的音乐天赋，李龟年因此非常欣赏他。有一次，李龟年弄到一幅奏乐图，但不知是何题名，王维见后回答说：“这是《霓裳羽衣曲》的第三叠第一拍。”岐王连忙请来乐师演奏，果然分毫不差。王维和李龟年因为共同的音乐爱好成了知己。

（三）采用表演悟法

小学生天性好动，故在古诗词的教学中让学生模拟诗中场景进行表演，能激发学生的学习动力，也能帮助学生更好地掌握语言文字。

这两首诗都采用了一种独特的语言方式，仿佛是作者在柔声细语地与人对话，第一首是与故乡来客问话，第二首是向远方友人诉说，所以，情境性、表演性很强。为了增强学生对诗情的感知体悟，增加国学课堂的趣味，可以在学生学习完两首诗并能熟练背诵的基础上进行表演。

当然这两首古诗的情境表演相对较难，学生需要在充分理解诗意的基础上，细腻地把握作者的内心和情感，然后发挥想象，将文字背后蕴含的内容形象生动地表现出来，所以，建议采取教师和学生配合表演的形式。教师可利用自己的表演，对关键情节和内容作出形象化解说和模仿，对诗文内容进行还原，将学生带入诗文所描述的情境，让学生获得审美的体验，帮助学生在诵、演中发挥想象，训练语言表达，从而更深入地感悟作者内心，体会作者的情感。

四、教学设计示例

（一）由作者导入

1. 回顾已学的王维的诗：

同学们，谁能背诵一下《送元二使安西》？

2. 说说诗的作者：请问这首诗的作者是谁？（王维。）请说说你对王维的了解。

3. 导入：这节课咱们再去学习王维的另外两首诗，你会更喜欢他的。

（二）检测自学成果

1. 这两首诗你读到什么程度了？

（1）齐读。

（2）请几个学生朗读，教师根据朗读的情况，侧重从正确和流利两方面进行评价和指导。着重强调“绮”“著”的正确读音。

（3）请朗读水平较高的同学读，侧重从韵律方面进行评价和指导。

（4）特别注意“寒梅著花未？”这句询问急切的语气，注意“几枝”“多采撷”“最相思”等字词饱含的情感。

2. 学完这两首诗，你读懂了什么？

（1）学生自由发言，鼓励学生大胆地表达，可以谈对字词的理解，也可以谈诗句的意思，还可以谈作者的情感，以及谈作者的写作方法等；可以一首一首地谈，也可以两首对比起来谈。

在学生谈出自己的感悟时，要引导学生借助诵读表现出来。

（2）教师小结，从两方面说：一是诗的内容，二是学生的表现。

（三）以问题引导深度学习

1.启发思考：学贵有疑，同学们通过自学都有了收获，但是善于思考的同学，一定也读出很多疑惑，请大家细细去思考，然后说出你的疑惑。

2.小组间先交流解答，然后梳理出最有价值且难以解答的问题。

3.各组将问题列在黑板上。

4.教师根据学生的问题适时补充材料，引导学生进一步品读感悟这两首诗。

（四）情境表演展示

1.先背诵两首诗。

2.情境表演。播放音乐，教师先进行情境化的描述，再请学生表演。

五、教学资源链接

王维的逸闻趣事

王维四十四岁左右时，为供“志求寂静”的母亲用以修行静养，于“蓝田县营山居一所”，此后用心经营为一片山水胜地，成为他“诗意栖居”的精神家园。唐冯贽《云仙杂记》中道：“王维居辋川，宅宇既广，山林亦远，而性好温洁，地不容浮尘，日有十数扫饰者，使两童专掌缚帚，而有时不给。”王维的这一居所，仅扫地的童仆就有十余人，两个童子专门扎扫帚，还时常供不应求，可见这一居所面积之大，也可见王维对洁净有极高要求。

第九课　春　雪

一、教学目标

1. 在反复的诵读中，初步感受七言绝句“平仄相对”的韵律特点，能背诵诗歌。

2. 知晓文意，能借助注释用自己的话说出诗文的大意，能在富有音韵的诵读中感悟作者期盼春天的感情。

3. 体会诗中“借物抒情”表现手法的运用，以及比喻和拟人对诗表达情感起的独特作用。

二、教学解读

（一）原文

春　雪

〔唐〕韩愈

新年都未有芳华，二月初惊见草芽。

白雪却嫌春色晚，故穿庭树作飞花。

（二）原文解析

《春雪》是唐代著名文学家韩愈所作的一首七言绝句。全诗构思新巧，立意独特，富有浓烈的浪漫主义色彩。作者盼春不得，就以雪喻花，赋雪生命，通过雪有灵性的行为表现作者对春的渴望之情和对美好生活的向往。

全诗共四句，每句七字，属于平起首句押韵式的七绝，一、二、四句句末押韵，押“ā”韵。“ɑ”是开口音，所以整首诗读起来声韵和谐、朗朗上口。

第一句“新年都未有芳华”。古时“新年”指阴历正月初一，一般在“立春”前后，所以这一天是春天到来的标志。“芳华”指发出芳香气息的花儿，“华”通“花”。这一句的意思是，新年都已经到来，却迟迟未见到芬芳的花儿。这里表明了作者身处的北方冬天太长，春天较南方来得更迟。句中的“都”字，流露出作者些许焦虑和遗憾。

第二句“二月初惊见草芽”。承接上句，说新年虽然无花，但二月伊始却看见地上冒出了草芽，着实让人感到惊讶、惊喜。诗句中的“惊”字，写出了作者在久未见春的焦虑乃至失望之余突然见到“春色”时所产生的惊喜。“二月初”“见草芽”对于领略过南方春天的作者来说，已经晚了太多，但此时身处北方，却也值得惊喜了。这两句诗先说“花”再说“草”，都是紧扣春天的表征物来写的。

第三句“白雪却嫌春色晚”。这一句作者不再去“寻花问草”，转而引入冬天的表征物——白雪，用拟人和反衬的手法来表明自己对春的盼望。“嫌”即是不满意。“春色晚”说明了这一年比较寒冷，冷到二月还在降雪。这里，作者不再自己抱怨了，而是借拟白雪嫌春天来得晚来表明自己对春的渴盼。这样的借物抒情，审美和表达效果奇佳。特别是，诗中“却”

字值得好好品味，“却嫌”本是不该嫌而嫌之意，说明北方的春并非来得晚，好像是雪“嫌”春来晚了，强化了白雪对春的渴望之情。

第四句“故穿庭树作飞花”。这一句是全诗的高潮，是作者情感最集中的表达。“故”的本意是“所以”，而在这里似乎作者赋予了白雪人的意识情感，可引申为“故意而为”之意。“作”即化作、当成。白雪嫌春色姗姗来迟，竟自己穿过庭院中的树，化作漫天飘洒的飞花，把初春的美丽景色装扮出来。

全诗在借物抒情中把雪拟人化，赋予它生命力和人的意识情感；以浓烈的浪漫主义色彩之笔，把春雪刻画得美好而富有灵性。物与人合、景与情合，从而表现出作者对美好春天的期盼、对美好生活的向往。

三、教学建议

本课从内容上划分，可归属于咏春类诗歌。小学阶段的学生已经学过白居易的《忆江南》、杜甫的《春夜喜雨》、孟浩然的《春晓》等关于描写春天景物的诗歌，而《春雪》却是从另一个独特的角度去写春、盼春，非常值得学生去体会和学习其中的表现手法。

（一）字词入手，辨字明义

古诗使用的字词在诗中的意义与现当代有一定的差异，在教学过程中，应注意讲透字词的本义以及引申义，提高学生对古诗词字词的理解力。

《春雪》首句中的“芳华”的“华”在注释里的意思是“花朵”，在这里教师不妨借助《说文解字》来解释说明：“华”是会意字，从𠌶（huì），从亏（yù）。“华”的本字，上面是“垂”字，像花叶下垂形，故“华”通“花”，有花朵之意。第二句中的“见”字，古今音义不同：现代汉语读“jiàn”，有看到的意思，而本诗里读“xiàn”，有出现、显露之意。在初读诗文的阶段，教师对字词的讲解、辨析，不仅能让学生对古诗中的字词有准确理解，对古诗语言精练的特点有深刻体会，而且可潜移默化地培养学生热爱祖国语言文字的情感。

（二）平仄入韵，诵读体味

诗词的平仄韵律是诗词音韵美感的主要来源。在学生读准读顺诗的字音后，教师引入“诗词平仄”的知识点，告诉学生平仄是中国诗词中用字的声调，“平”指平直，“仄”指曲折。我们把现代汉语中的一、二声称为平声，把三、四声归为仄声。格律诗一般都讲究上下句“平仄相对”的规律，这首绝句的格律特点是平起首句入韵。

新年都未有芳华，二月初惊见草芽。
（平平平仄仄平平，仄仄平平仄仄平。）
白雪却嫌春色晚，故穿庭树作飞花。
（平仄仄平平仄仄，仄平平仄仄平平。）

在学生明确平仄的规则后，可在教材的诗句下标出平仄（平用“___”、仄用“|”表示），教师示范读几遍，让学生发现诵读中平长仄短的特点（平声字读得轻而缓，声略长；仄声字读得重而急，声略短；韵脚字读得略长一些）和总结出声断气连的技巧。为加强对平仄声调特点的感受，教师可让学生在诵读中加入手势，提升朗读的乐趣，特别是对于韵脚字可以适当作夸张式的拉长诵读，引发学生在绵长的音韵中想象作者眼中的景、心中的情。在经过几轮师生的交互诵读后，可配上合适的音乐，把学生带入一个抑扬顿挫的声韵场中，去感受并发现诗词的“声美”和“韵美”。

（三）扣准诗眼，品悟情感

在熟读成诵后，教师可发问：我们学过的关于春天的古诗中一般都以“春花”“绿草”“春风”“春雨”作为寄情对象，为何韩愈却以代表冬天的“白雪”来抒发对春天的情意呢？他又是如何描写的？请同学们仔细品读找出关键的字词，并和大家分享你的发现。

由此引导学生发现：一、二句的“都”和“惊”可以体会到作者盼春的两种情感——“都”未见芳华，有种很遗憾失望的感觉；“惊”现草芽，又有一种惊喜的情感。

接着再引导学生通过诵读来体悟诗歌的情感：作者从遗憾到惊喜，这可是一落一起的情感啊！让我们用抑扬顿挫的声调把这种情感的起伏给表达出来。来，我们读一读。

三、四句中的“却嫌”和“故穿”能够体现出作者的欣喜之情。在这里，教师可顺势问学生：这里运用了什么修辞手法？这样的运用有什么精妙之处？教师要相机引导，点拨助力。

课堂教学到这个环节已经基本完成了教学目标，在课堂的最后几分钟里仍然要回归到诵读中去，让学生带着情感去读，结合平仄技巧，做到声、意、情合一。

四、教学设计示例

（一）趣味导入

1. 引导学生回忆：同学们，谁能背诵一首描写春天的古诗？

2. 引导学生大胆猜测：有这样两句诗：“忽如一夜春风来，千树万树梨花开。”你们判断一下这是不是描写春天的？（学生讨论猜测，教师揭晓答案。）

3. 导入新课：这节课我们去学习一首构思奇特、拟雪为人的诗。

（二）熟读成诵

1. 齐读。

2. 指名几个学生朗读，教师根据朗读的情况，相机强调“都”“华”“见”的正确读音及古今词义的差别。

3. 教师带有抑扬顿挫略夸张的声调示范读，引出古诗的平仄规律并讲解规则。

4. 学生标出《春雪》的平仄和重音，或自由诵读，或同桌对比诵读。

5. 教师示范把平仄规律和节奏划分结合起来诵读，读出韵味。学生跟读后，个人自由诵读，或分小组诵读。

6. 配乐齐诵全诗。

（三）品读悟情

1. 品读一、二句。

（1）出示问题：

读诗的一、二句，思考：这两句是围绕着春天的什么象征物来写的？对于身处北方的作者来说，实际情况是怎么样的？面对这样的情况，作者是怎样的情感？你从哪些字里体会到了？

（2）小组内先交流，然后梳理出答案进行展示。教师注意指导学生抓住关键字词去体会。

（3）诵读品悟情感、表达情感。

2. 品读三、四句。

（1）出示问题要求：

读诗的三、四句，你发现这两句写了什么？和我们课堂开始时说的“忽如一夜春风来，千树万树梨花开”有什么相似之处？

（2）组内讨论。

（3）教师根据学生的分享适时补充，引导进一步朗读感悟作者的喜春、盼春之情。

（四）再读悟法

1.规定练习一分钟后全班齐背，再指名背。

2.学生交流：三、四句运用了什么修辞手法？你觉得妙在何处？（赋予了雪花生命，既是写景又是写人。）

3.教师根据学生的回答进行小结并适当补充：诗以言情，最好的表达往往不是直抒胸臆，而是委婉道来。作者因为对春的急切盼望反而生出些许抱怨与失落，于是借白雪来表达他波澜起伏的情感，这就是诗的魅力。让我们徜徉在古诗的海洋里，品味传统文化的丰厚韵味。

五、教学资源链接

韩　愈

韩愈（768—824），字退之，河南河阳（今河南孟州南）人，是唐代中期著名的文学家、哲学家，因其常自称“郡望昌黎”，故后世称之为“韩昌黎”“昌黎先生”。

韩愈曾任国子博士、刑部侍郎等职，因谏阻唐宪宗迎佛骨，被贬为潮州刺史，官至史部侍郎。唐长庆四年（824年），韩愈病逝，享年五十七岁，追赠礼部尚书，谥号为“文”，故称“韩文公”。韩愈作为唐代古文运动的倡导者，名列“唐宋八大家”之首，有“文章巨公”和“百代文宗”之名。韩愈与柳宗元并称“韩柳”，与柳宗元、欧阳修、苏轼并称“千古文章四大家”。倡导“文道合一”“气盛言宜”“务去陈言”“文从字顺”等写作理论，对后人具有指导意义。著有《昌黎先生集》等。

第十课　代春日行

一、教学目标

1. 初步感受三言乐府诗句短拍促、节奏明快的语言特点，并能在反复诵读中背诵全诗。

2. 了解诗文大意，能在反复诵读中感受春游的欢乐，感悟诗中描绘的情感。

3. 初步了解诗中移步换景、情景交融的表现手法，体会声情与词情完美统一的艺术感染力。

二、教材解读

（一）原文

代春日行

〔南朝〕鲍照

献岁发，吾将行。
春山茂，春日明。
园中鸟，多嘉声。
梅始发，柳始青。

泛舟舻，齐棹惊。
奏《采菱》，歌《鹿鸣》。
微风起，波微生。
弦亦发，酒亦倾。
入莲池，折桂枝。
芳袖动，芬叶披。
两相思，两不知。

（二）原文解析

《代春日行》是南朝鲍照创作的一首三言乐府诗。这首诗描写了在明媚的春光中青年男女郊游嬉戏的欢乐情景。全诗共二十二句，通首三言，隔句押韵，句短拍促，节奏明快。诗的前八句写陆上行游的欢乐景象，中间十二句写水上荡舟之乐，最后两句写春游中青年男女彼此产生了爱慕而又互不知情的唯美场景。全诗热情洋溢，风格俊逸清秀。

这首诗的前八句写陆上行游之乐。“献岁发，吾将行”交代了出游的时间是新年伊始；出游的大环境是“春山茂，春日明”，即郊外的春光如此明媚，山林多么丰茂；所到之处，耳闻“园中鸟，多嘉声”——园林中到处莺歌燕语，啼鸣婉转，仿佛一曲曲悦耳动听的春歌；所见“梅始发，柳始青”——梅花率先怒放，杨柳纷纷长出嫩芽：春天所带来的一切，是那样的新鲜明丽、生机盎然。

“泛舟舻”开始这十二句是写水上荡舟之乐。“泛舟舻，齐棹惊”——众人在烟波浩渺的湖上泛舟而行，齐齐地举起桨（棹），使劲地划，连水鸟都被惊得扑翅而飞。此情此景，让人们不禁“奏《采菱》，歌《鹿鸣》”——能歌善舞的青年男女们，在船上奏起了音调柔婉的江南《采菱曲》，唱起了曲调古老的《鹿鸣》歌。“微风起，波微生。弦亦发，酒亦倾。”——和煦的春风，吹皱了满池春水，让欢快的人们在弦歌声中频频祝酒，尽情尽兴痛饮。接下来的“入莲池”四句是侧重写女子的游玩之乐。“入莲池，折桂枝”是讲年轻女子们荡开双桨，时而没入那花叶清秀的莲池里，时而又倚岸攀折那尚未开花的桂枝。“芳袖动，芬叶披”是描绘她们挥动芳香的罗袖，轻舟压倒两边芬叶的情景。

最后两句“两相思，两不知”是全诗最微妙之处。沉浸在春游快乐中的青年男女不仅仅对山水感兴趣，更对彼此萌生了爱慕之情。而此时最隐秘微妙的地方是：双方虽彼此有意，却又不知对方的心情，为全诗留下了丰富的悬念和想象的空间。正如欧阳修所言：“含不尽之意见于言外。”

这首诗是一篇意境优美、层次分明的诗体游记。前八句写陆上游春赏景，移步换景、渲染声色，营造良辰美景的氛围，景中有情；之后十二句描写水上游玩之乐，一句一个动作，摇曳多姿，重在突出弦歌樽酒的赏心乐事，情中有景，船、人、景互动和谐；结尾二句用两个“两”字总收全文，余意不尽。

三、教学建议

《代春日行》语言简洁秀丽、浅显易懂。可以放手让学生自学，也可以让他们将本诗与所学的现代文游记进行对比，在对比中理解作者的写作手法。结合本课教学目标，有如下几个建议：

（一）让学生充分自学

《代春日行》共有二十二个三言短句，诗句言简意赅、节奏明快、韵脚分明。经过前几课的学习，学生在运用教材注释和工具书来正音、明义、识韵、知文晓义等方面掌握了一定的方法，可以放手让他们去自学本课，让学生通过自学进一步巩固所学到的知识，更熟练地掌握自学方法。教师在适当的时候通过提问给予一定的引导，强化学生的诵读能力，如：

初读这首古诗，你有没有发现新的汉字或者多音多义字？

通过朗读，你发现这首诗的韵脚是什么？

请你正确流利地诵读一遍这首诗。

你还可以怎样读？

经过几轮诵读，学生学习古诗词的基本功可以得到锤炼，为后续品读感悟这首诗做了较好的铺垫，进一步提高课堂的学习效率。

（二）结合现代文游记厘清诗文脉络

在小学阶段，学生对游记类的古诗接触不多，但现代文的游记学过不少，并且还进行过习作练习，所以可以启发学生在学习方法上参考、借鉴现代文游记。比如提示学生现代文的游记中常见的“移步换景”写法在本课就很明显——陆上游玩和水上游玩的转换，细心的学生是能够发现的。

在学生基本理解诗文大意的基础上，教师可以让学生根据游玩地点的转换尝试逐层品读和领悟诗文。可以这样问学生：

根据游人行游的路线，你觉得这首诗可以分成几小节？怎么分？

诗中写了哪些静态景物？

作者从哪些感官角度去叙述这次春游？

你从哪些词句感受到这次春游的快乐？

在指名学生回答后，教师适当解说、小结，帮助学生更好地领略诗歌中的诗情画意。

（三）体悟末句留悬念的写法

这首诗的前面二十句是一篇完整的游记，动静结合，情景交融，但总让人觉得少了点什么，而读到诗末的“两相思，两不知”时，全诗便顿然有了灵魂，给读者留下了无限的遐想。对这种画龙点睛的手法，教师可引导学生思考、体悟，但不做深入讲解。

四、教学设计示例

（一）回顾导入

1.指名背诵：同学们，谁能背诵一下《长歌行》?

2.揭示新课：《长歌行》是一首汉乐府民歌，这节课我们也要学习一首乐府诗歌——《代春日行》。

（二）自读入韵，补充诗体知识

1.检测预习，指名读，要求读正确读流利。

2.找出韵脚，做好标记。小组诵读或同桌齐读，教师巡视指导。

3.一边读一边对比，教师引导学生思考：

和上一课《春雪》对比读一读，你发现读起来有什么不一样？（节奏更欢快些。）是什么原因？（三言诗。）

教师小结：这首诗是古乐府诗，更像民间歌谣。

4.教师补充古乐府诗的相关知识。

（三）由景入情，感受春日美好

1.学生结合注释了解全诗大意，不完整处教师相机补充。

2.教师引导学生思考：这首诗是一篇游记，看看作者游了哪几个地方？（陆地、水上。）

3.感受春日陆游之美。

（1）自由读后指名说一说：你发现诗中描写了哪些景物？

（2）学生交流后，再诵读。

（3）根据教师诗意的描述诵读。

4.体会春日水游之乐。

（1）再读，找出这一小节中表示动作的词，并画出来。

（2）学生交流后，请学生边诵读边想象诗中的画面。

（3）请学生边表演诗中的场景边诵读。

5.教师引导学生在思考中品悟最后两句诗情。

（1）教师提问：作者笔下的一众青年男女游玩得开不开心？你从哪几句诗感受到了？

指名回答，然后齐读。

（2）教师提示："两相思，两不知"这一句该如何读？还是读得像前面游玩的诗句那样欢快吗？

指名诵读后，教师示范诵读。

6.出示画面配乐诵读。

（四）再读得法，增强背诵积淀

1.学生根据板书来诵读全诗，然后引导学生归纳作者"移步换景"的写作方法。

2.背诵练习。

（1）根据作者空间移步的顺序来进行记忆。

（2）出示关键词引导背诵，比如第一小节出示静态的"景物"词，第二小节出示游玩的"动作"词，让学生进行补充式背诵。

（3）全诗背诵。

（五）启疑仿写，提升思辨能力

1. 教师提问并引导学生续写诗句：全诗以“两相思”却“两不知”来结尾，此中的“两”是青年男女两人还是水陆两地？根据你的分析来续写几句诗。

2. 学生自由创作后，全班进行评价。

五、教学资源链接

古乐府诗

乐府是古代音乐官署，其建置始于秦代，秦及西汉惠帝时均没有“乐府令”。汉武帝时规模较大，掌管朝会宴飨、道路游行时所用的音乐，兼采民间诗歌和乐典。后来，人们就把这一机构收集并制谱的诗歌，称为乐府诗，或者简称乐府。唐代以后，把汉、魏、晋、南北朝的乐府诗称为古乐府。后代模仿其体制的作品，有时也称古乐府。像《木兰诗》《焦仲卿诗》等皆属古乐府诗。

鲍　照

鲍照（约414—466），南朝宋文学家，字明远，东海（郡治今山东郯城北）人，与北周庾信并称“鲍庾”，与颜延之、谢灵运并称“元嘉三大家”。

其诗多不平之慨，表现了寒门之士积极进取的愿望和对士族专权之现状的不满。鲍照长于乐府诗，尤擅七言之作，风格俊逸，对唐朝李白、岑参等颇有影响。

第十一课　立　秋
秋凉晚步

一、教学目标

1. 能在反复诵读中感知七言绝句的格律特点，初步感受这两首诗直白而富有意趣的语言、和谐柔美的音韵。选背其中的一首诗。

2. 知晓文意，能用自己的话说出诗文的大意，能抓住关键词体悟两位作者对“秋”的不同感悟和他们不同的人生态度。

3. 初步体会对生活和自然的细致观察在作品表达上的作用。

二、教材解读

（一）原文

立　秋

〔南宋〕刘翰

乳鸦啼散玉屏空，一枕新凉一扇风。

睡起秋声无觅处，满阶梧叶月明中。

秋凉晚步

〔南宋〕杨万里

秋气堪悲未必然，轻寒正是可人天。

绿池落尽红蕖却，荷叶犹开最小钱。

（二）原文解析

本课安排了两首南宋时期的七言绝句作品。从七言绝句的格律上来看，这两首诗都没有讲究对偶，创作风格比较自由，语言精练而直白，比较容易理解；在声律方面，两位作者都严格遵循了“一三五不论，二四六分明”的规则，在上下两句的第二、四、六的平仄上都是相对的，同时第一、二、四句都押韵，所以，这两首诗诵读起来抑扬顿挫、朗朗上口。

从内容上来讲，前面学习了几首写春的唐诗，这一课安排的两首都是写秋的诗。两位作者都以自己独到细致的观察为基础对秋进行了别样的描写，但立意不同，情感的表达方式也不同。

第一首《立秋》是南宋刘翰创作的一首七言绝句。“立秋”是二十四节气之一，是秋天的开始。作者以“立秋”这一时令来到时，大自然和人们的生活发生的变化为关注点，写出了其在夏秋季节交替时细致入微的感受。

首句“乳鸦啼散玉屏空”写傍晚时景色的变化，意思是：起初小乌鸦还待在树枝上或屋檐上叫着，天黑了，乌鸦归巢了，只有玉色的屏风空虚寂寥地立在那儿。乌鸦有结群营巢的特点，所以傍晚时，乌鸦的叫声还是比较大的。老乌鸦不太喜欢叫，叫起来声音也粗粝，比较难听。而乳鸦比较喜欢叫，声音也柔和些，不是很难听。从这句诗可见作者是从听觉上细腻地感知着立秋的变化。听不到乌鸦叫，看不见玉屏上的字画，于是屋内也就显得安静空旷了。

次句“一枕新凉一扇风”写作者躺在床上用扇子扇风时的感受：突然间起风了，秋风习习，顿觉枕边特别清新凉爽，就像有人在床边用绢扇在扇一样。夏天扇风，觉得不是很凉快，因为空气的温度比较高。立秋扇风，觉得分外凉爽，因为秋天到来了，空气的温度也低了些。“新凉”中的“新”字写出了这种变化，当然这种感觉上的变化，也有心理因素在起作用。

第三句“睡起秋声无觅处”写夜里秋风起的过程：睡眠中隐隐约约地听见外面秋风萧萧，可是醒来去找，却什么也找不到。这里的“觅”很耐人寻味，是作者对秋的期盼，还是作者内心的空茫？但不管是什么，透过这个字，作者怅然若失的心情已跃然纸上。

末句“满阶梧叶月明中”是写寻觅中的作者突然看见落满台阶的梧桐叶，沐浴在朗朗的月光中。明亮的月色中，见到台阶上落满了梧桐叶，作者终于清楚地见到了秋天到来的足迹。因为秋高气爽，所以秋天的月亮特别明亮。而梧桐的叶子比较阔，落在地上非常显眼。

这首诗紧扣“立秋”的主题，按照时间先后来组织材料，所以显得特别清晰而流畅。再加上作者通过听觉、视觉等细致入微的感知，用极为细腻而敏锐的笔触写出了夏秋之交自然界的变化。有的变化是显而易见的，如“满阶梧叶”，所谓“一叶落而知天下秋”。有的变化不是很显著，如首句通过声音能判断出啼叫来自“乳鸦”，次句写立秋夜里扇的风特别凉爽。这些都反映出作者对事物的变化特别敏感，对生活的观察与体验特别细致。

第二首《秋凉晚步》是南宋杨万里所作。杨万里（1127—1206），字廷秀，号诚斋，江西吉水人。他与陆游、范成大、尤袤并称“南宋四大家”，亦称“中兴四大家”。杨万里创造了语言浅近明白、清新自然、富有幽默情趣的“诚斋体”，著有《诚斋集》。他的诗歌大多描写自然景物，也有不少反映民间疾苦、抒发爱国情感的作品。

这首《秋凉晚步》围绕作者在一个凉爽秋日的傍晚散步时的所见所触来写。细致深入的观察、生动逼真的描写、真挚浓厚的感情，使得整首诗意趣盎然，颇为动人。体现了作者乐观豁达的人生态度。

第一、二句“秋气堪悲未必然，轻寒正是可人天”就亮出作者的观点，表明其独特的感悟：“人们都说秋天萧瑟，很有悲凉之感，我倒觉得未必是这样，这轻微的凉意不正是叫人最舒适的吗?”这两句让整首诗的立意颇新。

第三、四句“绿池落尽红蕖却，荷叶犹开最小钱”，这里作者目光停驻在了这样的秋景中：绿色池塘里的红色荷花虽然都落尽了，但还有新长出来的如铜钱那么圆的小荷叶。最后一句作者运用比喻，生动形象地写出了新长出来的如铜钱那么圆的小叶片，给人以希望。

秋季容易使人悲愁，秋风飒飒、秋雨萧萧，一切都显得那么凄凉冷落。而杨万里在《秋凉晚步》诗中却说“未必然”“正是可人”，这样的生活志趣和人生态度，给人以积极向上、乐观豁达之感。

三、教学建议

（一）诗情画意，主题切入

前两课，学生学习了两首关于春天的诗，有韩愈的《春雪》、鲍照的《代春日行》，感受了作者笔下春的气息、春的活力、春的美好、春的喜悦，而本课的内容，两首诗都是写秋景的，教学时，可以从古诗的题目切入，让学生说说从题目中读到什么信息，然后引导学生进行思考。

比如，《立秋》的题目直接点明了时间，是夏秋交替的那一日，是秋天开始的第一天，这是二十四节气中的一个节气，可以引导学生思考：立秋这一天会发生什么？《秋凉晚步》的题目同样点明了时间，而且更清晰地点明了诗歌描绘的是作者在寒凉的秋天傍晚散步时见到的场景。这时就可以引导学生：自古逢秋悲寂寥，作者在这样的秋日里散步会有什么样的感受呢？

这样的提问能引发学生从题目入手展开想象，围绕题目揣度作者描写的画面所要表达的诗情，既能激发学生的学习兴趣，也能帮助学生养成思考的习惯，掌握理解诗意、感悟诗情的方法。

（二）观察格律，诵读入韵

经过前面几课的学习，学生已经对古诗的基本格律有了一些印象，也学过了三言、四言、五言、七言等不同句式的古诗文，对七言绝句也有了一些基础的认识。本课教学可以在学生将古诗读正确的基础上，引导学生去思考，使其对七言绝句形成一个较为完整的认识。

让学生体会到正是因为七言绝句有严格的声律特点，诵读起来才会音韵和谐、起伏有致，富有韵律之美，在引导学生诵读时，学生便更能领悟到一些方法，比如如何进行停顿，如何运用平长仄短的读法，如何注意句末字的读法，如何在抑扬顿挫、轻重缓急之中表情达意，等等。

（三）组合出击，对比学习

这一课安排了两首诗，在教学时，可以一首一首分开来教，或者侧重教其中的一首，让学生自学另一首。

在学生充分诵读、初步理解诗意后，教师让学生分小组进行合作探究学习。

在学生汇报时，教师相机引导学生展开想象："乳鸦啼散玉屏空"里那安静空寂的书房，"睡起秋声无觅处"中作者起身寻觅的样子，"荷叶犹开最小钱"中蓬勃向上的新长出的荷叶，并让学生进行充分的诵读体悟。

四、教学设计示例

（一）趣谈时节，导入新课

1. 教师引导：同学们，谁来说说自己对节气和季节的了解？

2. 揭题：今天咱们就来学习两首写"秋"的诗，请看诗题，读一读。说说看你从诗题中获得了什么信息。

（二）自学展示，正音知意

教师引导：同学们课前都进行了自学，下面就来展示一下你们的自学成果。

1. 诵读展示。

（1）齐读。

（2）指名几个学生朗读，教师根据朗读的情况，侧重从读正确和读流利两方面进行评价和指导。着重强调"扇""蕖"的正确读音。

（3）指名朗读水平较高的同学读，侧重从韵律方面进行评价和指导。特别注意"睡起秋声无觅处，满阶梧叶月明中"的意境之美，体会"觅"的稍稍急促到"满阶""月明中"的轻缓而唯美。

2. 读懂诗意展示。

（1）学生自由发言，教师鼓励学生大胆地表达，建议学生可以谈对字词的理解，也可以谈诗句的意思，还可以谈作者的情感、作者的写作方法等方面；可以一首一首谈，也可以两首对比起来谈。

在学生谈出自己的感悟时，教师要引导学生通过诵读表现出来。

（2）教师小结，从两方面说：一是诗的内容，二是学生的表现。

（三）观察格律，诵读入韵

1.发现七言绝句的格律特点。

本学期我们已经学习了十几首古诗，同学们一定发现了，有的诗一句有三个字，有的一句有四个字，还有的一句有五个字、七个字，分别叫三言诗、四言诗、五言诗、七言诗。今天我们学的两首诗都是七言诗，而且都是四句，这种诗就叫七言绝句，古人写这类诗都特别讲究，有严格的格律规定，那它有哪些特点呢？请同学们边读边仔细观察，完成下面的填空。

七言绝句的格律特点：全诗共____句，每句____字，上下两句____相对（一三五不论，二四六分明），第____句押韵。

2.根据格律诵读入韵。

绝句诗正是有了这些严格的声律规定，所以诵读起来朗朗上口、起伏有致，富有音乐的美感。我们根据这首诗的格律特点来依声而诵，注意停顿、长短、轻重、缓急等。

提示学生韵脚要读得重而缓，仄声字要读得短促而偏重些。

3.根据格律特点反复诵读后，进行配乐诵读。

（四）对比学习，深入探究

1. 教师引导：诵读这两首写秋景的诗，你会发现不同的作者有不同的表达方式，那么，它们到底有哪些异同之处？请四人为一小组进行合作探究。

温馨提示：你可以多方面去对比，比如从作者写景的角度、表达的情感、所用的方法、语言的风格等方面去思考。

2. 分小组进行合作探究学习，可以用思维导图的方式展示学习后的发现。

3. 小组汇报展示。

在学生汇报时，教师相机引导学生展开想象。

（五）背诵比赛，记忆积累

1. 让学生用自己最有效的方法进行背诵，限时3分钟。

2. 时间到后进行背诵展示。无论是能背诵一句诗的学生，还是能背诵整首诗的学生，教师都给予肯定。

3. 让背诵最快的同学介绍背诵方法。

五、教学资源链接

七言绝句和七言律诗的区别

七言绝句是中国传统诗歌的一种体裁，简称七绝，属于近体诗范畴。

七言律诗是中国传统诗歌的一种体裁，简称七律，也属于近体诗范畴。

两者不同之处主要有以下几点：

1. 句子数量不同。

绝句每首诗是四句。律诗一般每首八句，称为小律或三韵律诗；超过八句的，则称为排律或长律。

2.起源不同。

七言绝句起源于南朝乐府民歌或北朝乐府民歌，或可追溯到西晋的民谣，定型、成熟于唐代。

七言律诗起源于南朝齐永明时沈约等作的讲究声律、对偶的新体诗，初唐沈佺期、宋之问等进一步将它发展定型，至盛唐杜甫手中成熟。

3.格律不同。

七言绝句属于格律要求比较严格的近体诗。首先是篇幅固定，全诗四句，每句七个字，总共二十八个字。其次是押韵严格，表现为通常只押平声韵且不能出韵。还要讲究平仄，即要求符合平仄律。

七言律诗格律要求更严密，要求诗句字数相同，全诗八句，每句七个字，每两句为一联，共四联，分首联、颔联、颈联和尾联，中间两联要求对仗。

第十二课　山园小梅

一、教学目标

1. 初步感受律诗讲究平仄、对仗和押韵的语言特点，能在课堂中熟读成诵。

2. 了解诗文大意，在诵读中感受作者对梅花的挚爱，进而体悟梅花清绝高洁的风骨是作者的人格写照。

3. 初步了解诗中多角度描写、侧面烘托的表现手法，进一步体会借物抒怀的表达方式。

二、教材解读

（一）原文

山园小梅

〔北宋〕林逋

众芳摇落独暄妍，占尽风情向小园。
疏影横斜水清浅，暗香浮动月黄昏。
霜禽欲下先偷眼，粉蝶如知合断魂。
幸有微吟可相狎，不须檀板共金樽。

（二）原文解析

《山园小梅》是北宋林逋的一首名诗。林逋长年隐居于杭州西湖的孤山，一生未娶妻生子，但生性喜爱梅花，养鹤成癖，大有以梅为妻、以鹤为子之意，故世人以“梅妻鹤子”喻之。林逋一生写了很多歌颂梅花的诗歌，其中《山园小梅》知名度较广。

全诗采用侧面烘托的笔法，虚实结合，对比呈现，多角度渲染梅花清绝高洁的风骨。同时，作者也借写梅把自己清高、淡泊的人格和盘托出。

首联“众芳摇落独暄妍，占尽风情向小园”突显作者对梅花的喜爱与赞颂之情：梅花在百花凋零的严冬迎着寒风傲然盛开，那明丽动人的景色把小园的风光占尽了。一个“独”字，就把梅花与众不同的傲气表现得淋漓尽致；“占尽”一词充分表现了梅花独特的生活环境、傲霜凌寒的清高品格。

颔联“疏影横斜水清浅，暗香浮动月黄昏”是传世名句，意思是：疏朗的梅枝在水面上映照出稀疏的倒影，黄昏时分满园飘着淡淡的梅花香。上句的“疏影”“横斜”两词轻笔勾勒出梅之骨，下句的“暗香浮动”则浓墨描摹出梅之韵。“暗香”是无形而香，若有若无随风而至的香；“浮动”是指香气款款而来，飘然而逝；“月黄昏”既交代了时间背景，也带给人以空间上的静谧感。首联游目骋怀，颔联凝眉结思。

据传，作者林逋的这两句诗是改自五代南唐江为的残句：“竹影横斜水清浅，桂香浮动月黄昏。”林逋只改了两字，将“竹”改成“疏”，将“桂”改成“暗”，这点睛之笔，使梅花的形与神跃然纸上，可见林逋点化诗句的才华。

颈联“霜禽欲下先偷眼，粉蝶如知合断魂”的意思是：羽毛洁白的鸟想停落在梅枝上，会先偷偷看它一眼，蝴蝶如果知道这梅花的美丽大概会喜爱至销魂。作者在前句实写梅花形态后，掉转笔锋，开始虚写渲染。霜禽的“先偷眼”和粉蝶的“合断魂”写得很是传神。这里作者既有对现实的细致观察，又有托物言志，以梅花的品性比喻自己孤高幽逸的生活情趣。

尾联“幸有微吟可相狎，不须檀板共金樽”，作者从前几句的借物抒怀变为直抒胸臆：幸好可以吟诗与梅花亲近，既不需要拍檀板歌唱，也不用金樽饮酒助兴。世俗眼里的美好生活往往是歌舞与美酒相伴，而作者在此却直言“不须”，何故？有梅矣！至此，作者对梅花的喜爱之情跃然纸上，作者的理想、情操、趣味也和盘托出。全诗的咏物与抒情在此达到水乳交融、相得益彰的境地。

三、教学建议

（一）从“规矩”诵读入手，为理解诗意铺垫

《山园小梅》是一首对仗工整、平仄合律、押韵讲究的律诗。学生在前面几首绝句的学习中已经基本掌握了平仄的划分和朗读技巧，也能较为准确地划分节奏并找出诗的韵脚，所以在课堂的初始阶段建议再次巩固学生这方面的知识和技能，让学生以平仄和节奏为“规”作“矩”，以多种形式反复诵读，读出诗歌的韵与律，从而由外而内，借“形”达“意”，为正确地领悟诗情诗意做好铺垫。

此外，在学生诵读较充分后，教师可补充关于律诗的相关知识：从结构来说，格律诗四句的叫绝句，八句的为律诗，长于八句的叫长律。八句律诗的一二句叫首联、三四句叫颔联、五六句为颈联、七八句称尾联，各句字数相等。押韵一三五不论，二四六分明。中间两两对仗。更多的相关知识也可让学生提前收集并在课堂上分享。

（二）以名句为切入点，借点构面，把握全诗情景

这首诗以《山园小梅》为题，选的是“山园”这样的小角落为背景，本是一幅平面的山园梅景图，作者却从多角度描写，通过侧面烘托的手法把它写得灵动了起来。

在学生结合课文注释理解全诗大意后，教师可相机提问：这首诗有两句写得特别好，被传为千古佳句，大家觉得应该是哪两句？学生讨论后大多会推荐“疏影横斜水清浅，暗香浮动月黄昏”。教师可借着学生讨论的热情接着追问：这两句诗写了什么？又好在哪？教师指名学生回答，并根据回答的情况相机指导：想充分理解一句诗，要抓住这句诗中的一两个关键词去推敲、去质疑。比如第一句的“疏影”这个词，可思考：是谁的疏影？（梅花。）什么样的疏影？（横斜。）在哪里的疏影？（水边。）这样的三个问题就把这一句诗里的单景从不同角度呈现并有机整合起来了。学生从一维的词语感知上升到二维的图画感知，再逐渐搭建多个二维图像从而形成立体的三维想象，把作者表现的美景完美地呈现在读者的脑海中。第二句的“暗香浮动月黄昏”也可以以点带面地推敲体会。比如向学生提问：什么叫暗香？浮动是怎样的动？月下黄昏让你想到什么？

在剖析领会了颔联的两句诗后，学生可以运用同样的方法去推敲其他几句诗。但要注意的是，教师一定要把朗读贯穿课堂的始终，要做到读后思、思中问、问中悟、悟后读、再读再悟，让诗境诗情像榨油那样流露得淋漓尽致。

（三）入戏会诗情，出戏看诗法

在对诗意诗情有充分的理解后，教师要把学生从诗的情境里带出来，去发现全诗的表现手法。在《山园小梅》里，作者运用了正面描写和侧面烘托相结合的手法；既有写实的细致观

察，又有虚拟的想象；既有从视觉到嗅觉的整合，又有常见的借物抒怀。对于这个阶段的学生而言，教师在“发现诗法”的教学环节里不应过多灌输，而要引导学生运用已经学过的知识，结合具体的语言环境来获得形象的感知，使其在品读中对比发现，有感而发、由感而悟，教师在关键地方提点即可。

四、教学设计示例

（一）介绍作者，导入新课

1.谈话导入：在北宋时期，有一位叫林逋的诗人，他通晓经史百家却不爱做官，一生不娶妻生子，却以梅为妻、以鹤为子，能诗善画却不喜留稿，这样的作者所作的诗歌又有怎样一番高妙呢？今天我们来品读他的一首传世之作——《山园小梅》。

2.读题解题。

（二）运用所学的平仄、节奏知识诵读出韵

1.检测预习情况，指名读，要求读正确读流利。

2.标平仄分节奏。教师提出要求：这是一首七言律诗，有工整的对仗，平仄合律，请同学们根据已掌握的古诗常识标出这首诗的平仄和节奏。

学生出示，教师矫正或示范。

结合平仄和节奏指名读、小组读、轻声读、大声读，在多种形式的诵读中形成节奏和韵律的共鸣。

3.引导学生分享课前收集的资料。教师：我们今天学的律诗有八句，古人给每两句都取了一个好听的名字，收集了这方面资料的同学能分享一下吗？

教师根据学生的分享做适当补充。教师课件相应出示“首联”“颔联”“颈联”“尾联”。

（三）知文解意，释点构面会诗情

1.齐读古诗，结合注释说说此诗大意。

让学生先根据教材注释说一说，再尝试对照诗句用自己的话讲一讲。

2.品读赏析首联“众芳摇落独暄妍，占尽风情向小园”。

教师示范读一遍后，问：首联中你认为哪两个字最能突出梅花的特点？学生答案可能会有多种，但最终指向“独”与“尽”。

教师：一个“独”、一个“尽”，突出了梅花独特的生活环境、特有的姿态美和高洁的品性。我们来读一读，注意这两个字略重读，把梅花清绝的神气给读出来。

师生齐读。

3.品读颔联和颈联。

（1）颔联“疏影横斜水清浅，暗香浮动月黄昏”。

教师：林逋的这首诗有两句被推为写梅的千古佳句，为咏梅诗中的一枝独秀，你认为是哪两句？我们来品一品。

教师：“疏影横斜水清浅，暗香浮动月黄昏”这句诗你觉得好在哪里？请抓出关键词来自读自问。比如“疏影”“横斜”写出梅花怎样的风韵？（清雅高洁。）

学生自己诵读、自己思考、自己释疑，教师让学生把领悟到的答案写在黑板上，教师挑出关键的词语，让学生连词成句，把山园小梅的风姿用优美的句子表达出来。

教师：我们再闭眼诵读诗句，想想是不是这样的情景。

（2）颈联“霜禽欲下先偷眼，粉蝶如知合断魂”。

教师：这里的“偷”表达了怎么样的情趣？为何要先偷看？“如”与“合”又表现了什么？

4.品悟尾联的直抒胸臆。

教师：尾联哪两个词是作者最深情的表白？（“幸有”“不须”。）在诵读时要注意带着什么样的语气？

学生自读，教师示范读，最后全班齐读。

（四）入情入境，圈点连线悟方法

1.品悟表现手法：作者最欣赏梅花哪些方面的品性？又是如何表现出来的？请默读古诗，边读边想。

2.引导学生分辨诗中的实写和虚写。

学生讨论交流后，教师小结虚实相间手法在诗歌表达中的妙处。

3.学生在齐声诵读中深化体悟。

（五）选句背诵，说理入情重积累

让学生选择自己喜欢的诗句背诵，可以用说理的方式，也可以用配图的方式，还可以用表演的方式来进行背诵。

五、教学资源链接

林　逋

林逋（967—1028），北宋诗人。字君复，钱塘（今浙江杭州）人。幼时刻苦好学，通晓经史百家。生性恬淡、不趋荣利。他一生未娶妻子，种梅养鹤成癖，所以世人以“梅妻鹤子”喻之。据说，他常驾小舟遍游西湖诸寺，与高僧诗友相往还。每当客至，有门童放飞白鹤，他见鹤必归。

林逋擅长作诗，自抒胸臆，多奇句，却少有存稿。

北宋天圣六年（1028年），林逋卒于杭州。宋仁宗赐谥号“和靖”，后人称其和靖先生。

第十三课　与诸子登岘山

一、教学目标

1. 初步感受这首诗语言通俗、感情真挚、平淡深远的特点，并熟读成诵。

2. 借助注释了解诗文大意，在反复诵读中体会作者吊古怀今和怀才不遇的惆怅之情。

3. 初步了解对仗是律诗重要的修辞手法之一。

二、教材解读

（一）原文

与诸子登岘山

〔唐〕孟浩然

人事有代谢，往来成古今。
江山留胜迹，我辈复登临。
水落鱼梁浅，天寒梦泽深。
羊公碑尚在，读罢泪沾襟。

（二）原文解析

《与诸子登岘山》是唐代诗人孟浩然创作的一首五言律诗。这是一首触景伤情之作。岘山又叫岘首山，在湖北襄阳，是当地名山。作者在家乡隐居读书、写诗自娱期间与几位朋友游玩岘山，凭吊羊公碑时怀古伤今，感念自己的怀才不遇，写下了这首情景交融、感时伤怀的诗作。全诗感情真挚，语言通俗易懂，于平淡中见深远。

首联“人事有代谢，往来成古今”落笔饱含沧桑，意思是：人间的事情都在更替变化着，来来往往的时日形成了古今的变迁。这两句流露出作者的心事茫茫、无限惆怅。

颔联“江山留胜迹，我辈复登临”是紧承首联的。“江山”承“古”，“我辈”承“今”。意思是：江山各处保留名胜古迹，而今我们又可以登攀亲临观赏。此处的“胜迹”是指山上的羊公碑和山下的鱼梁洲等。作者登临岘山，首先看到的名胜古迹就是羊祜庙和堕泪碑。据传西晋羊祜镇守襄阳时政绩斐然、深得民心，在他去世后，当地百姓为他在岘山立庙树碑。作者站在碑前想到了前人的流芳千古，联想自己的才华无法施展、抱负不能实现，难免黯然神伤。

颈联“水落鱼梁浅，天寒梦泽深”是写登山所见。“鱼梁”即鱼梁洲，为水中一沙洲。这一句是说因水位清浅，鱼梁洲突显于江面，云梦泽因天寒而显得迷蒙幽深。“云梦泽”泛指江汉平原上的湖泊和沼泽地。此处的“寒”和“深”都是围绕云梦泽而渲染的，给人一种天寒水清、冷气阴森、萧条荒凉的感觉，同时也是作者前途迷茫的暗示。

尾联“羊公碑尚在，读罢泪沾襟”把作者的情绪一泄而出，一个“尚”字，蕴含了作者极其复杂的情感：四百余年前的羊祜功照千秋，其碑还屹立在岘山上，与山俱存，让人敬仰，而“我”仍为布衣，无所作为，死后难免湮没无闻，这两相对比，“我”禁不住“读罢泪沾襟”。

三、教学建议

（一）在反复诵读中让学生尝试自主释义

这首诗的语言比较通俗易懂，除个别典故学生需要查看教材注释外，其他的字词并不难理解。虽然教材配了译文，但是考虑到学生已有一定的古文知识积累，在本课教学“知文晓意”的部分，可以尝试让学生一边看诗句一边用自己的话阐释诗歌的大意。教师要鼓励学生多说，不怕说错、说漏，让学生自我补充，或者相互补充，这样可以很好地提高学生的古文学习能力，提升其传统文化素养。

比如首联“人事有代谢，往来成古今”，教师指名某学生用自己的话解释该联，他可能会讲得不全面，这时教师不着急做补充，而是给出提示，再让下一个学生补充，只要学生有所进步便及时给予肯定。经过两三个学生的补充，句意基本就讲得比较全面了。通过这种方式，让学生体验到一句好译文的“诞生”过程，由此对汉语言文字的感知和辨析能力有所提升，更能体会到学诗的乐趣和成就感，进而增强他们学诗的主动性。

（二）充分了解背景，正确感悟诗情

像这样感时伤怀类的诗歌一般都有特定的创作背景，了解作者伤怀对象的人文背景和作者所处的时代背景，以及诗人个人经历是正确理解诗情的关键。这首诗有两个背景需要去了解：一是岘山的地理位置及羊公庙等古迹背后的史料，二是作者孟浩然的生活经历和思想状况。

岘山在湖北襄阳西南一公里处，东临汉江，与一水相隔的鹿门山形成东西对峙，宛如扼守在江汉平原北部的两扇大门。颈联出现的“鱼梁洲”就在岘山的东面。《晋书·羊祜传》中提到，羊祜镇守荆襄时，常到岘山置酒言咏。有一次，他对同游者喟然叹曰：“自有宇宙，便有此山。由来贤达胜士，登此远望，如我与卿者多矣，皆湮灭无闻，使人悲伤。”这些知识点有助于学生理解孟浩然的悲伤大概就是羊祜说的“湮灭无闻”之伤。

作者孟浩然的生平经历是使他见物感伤的主客观原因之一。他有志用世，却仕途困顿，不得已以隐士终生。他登上岘山，想起羊祜说过的“登此远望，如我与卿者多矣，皆湮灭无闻”的话，联想到自己的“湮灭无闻”和羊祜的名垂千古，强烈的对比让他倍感失落和悲伤。

（三）初步体会颔联、颈联的对仗之美

对仗是律诗有别于绝句的重要标志，它要求颔联（三、四句）、颈联（五、六句）对仗，要使相应词语的词性相同或相近，且要平仄相反。

在“领悟诗情”的教学环节后，教师把颔联和颈联单独出示让学生再读一读，并提问：对比每两句诗的第一个词，你发现了什么？由此引出“词的分类是对仗的基础”这个知识点。教师也可以适当配一点练习帮助学生加深体验和巩固学习。在这一教学环节，要注意多让学生结合诵读来体悟对仗带来的形美和声韵美。

四、教学设计示例

（一）知人论诗

1. 教师介绍孟浩然。

唐代有一位大诗人，他名噪京师，杜甫、李白、王维、王昌龄、张九龄等对他评价极高，他是继陶渊明、谢灵运、谢朓之后，开盛唐田园山水诗派之先声的宗师，他就是孟浩然。

2. 揭题解题：今天我们要学孟浩然的一首悲叹人生的咏怀诗《与诸子登岘山》，请同学们读题，然后说说从题目中你读到了哪些信息。（这是孟浩然游岘山而作的诗。“诸子”是“诸君子”的省略，意思是“几个朋友”，此处的“子”不可解作“儿子”。）

（二）读诗韵明诗意

1. 指名学生读全诗，要求读正确读流利。

2. 学生先默读，标出节奏，在诗句下方标好平仄，找出韵脚；再进行多种方式的诵读训练。（先小声自读或同桌对读，再指名几个学生读，教师引导指正读，最后全班齐读等。）

3. 尝试独立读懂诗意。

（1）教师课件出示：

人事：人间世事。

代谢：不停地交替变换。

往来成古今：一代接一代永远今来古往。

鱼梁：沙洲名，在岘山东边。

梦泽：云梦泽，江汉平原上的湖泊和沼泽地。

要求学生根据以上几个注释，在练习本上尝试自己写出诗文大意。

（2）汇报交流。

指名几位学生汇报，教师少评价或不评价，只通过提问，引导学生进一步思考：你觉得怎么样？还有补充的吗？

然后让学生自我点评，自己完善。这个过程要充分引导学生发现并总结怎样把高度浓缩的古诗文“泡开”，变成句子成分较完整的现代文。

（3）用现代语言将全诗串联起来。

教师通过课件先后出示诗句和译句，学生齐读。

人事有代谢，往来成古今。（人间世事不停地交替变换，一代接一代形成古往今来的变迁。）

江山留胜迹，我辈复登临。（江山保留着历代有名的胜迹，而今我们又重新登临观赏。）

水落鱼梁浅，天寒梦泽深。（冬末水位降低了，鱼梁洲露出水面，云梦泽因天气寒冷而迷蒙幽深。）

羊公碑尚在，读罢泪沾襟。（纪念羊祜的堕泪碑依然巍峨矗立，读罢碑文泪已经打湿衣襟。）

（三）在诵读中共鸣诗情——以问导读，层层推进

1.教师提问：全诗最让你觉得伤感的是哪两句诗？（羊公碑尚在，读罢泪沾襟。）

教师：你知道羊公碑的故事吗？为何作者会“读罢泪沾襟”？

教师这里介绍相关资料：

羊公指的是距作者四百余年的羊祜。据《晋书·羊祜传》记载，羊祜镇守荆襄时，常到此山置酒言咏。有一次，他对同游者喟然叹曰：“自有宇宙，便有此山。由来贤达胜士，登此远望，如我与卿者多矣，皆湮灭无闻，使人悲伤！”

羊祜生前政绩卓著，在他死后，襄阳百姓于岘山为他建碑立庙，“岁时飨祭焉。望其碑者，莫不流涕”。作者登上岘山，见到羊公碑，自然会想到羊祜。

教师再引导：山还是那样的山，而登山的古今万千人中却少有像羊祜这样流芳千古的，作者想到自己空有抱负、才华无法施展，心情格外悲伤，他会以什么样的语气吟诵出这两句诗呢？

教师请学生齐声诵读。

教师：其实，作者的情感在诗的首联就流露出来了，你们看，大至朝代更替，小至一家兴衰，以及人们的生老病死、悲欢离合，人事总是在不停地变化着，有谁没有感觉到呢？寒来暑往，春去秋来，时光也在不停地流逝着，这又有谁没有感觉到呢？所以作者一登岘山便感慨——

学生诵读：人事有代谢，往来成古今。

2. 教师紧接诵读：江山留胜迹，我辈复登临。教师再提问：凭吊了历代古迹，站在岘山之上，作者凭目远眺又看到了怎样一番景象？（水落鱼梁浅，天寒梦泽深。）

教师：为何浅浅地露出了鱼梁洲？“深”指什么？“寒”只是因为是冬季吗？这样的景象给人什么感觉？（深远而萧条。）我们来读一读。

学生齐诵颔联和颈联。

2. 教师小结：你看，作者是带着一生的坎坷和失意登的岘山，在凭吊古人的同时，他也在对照着自己的人生。请大家带着对这首诗的理解再来读一遍这首诗。

（四）再读诗句识对仗

1. 观察发现。

教师通过课件出示诗的颈联“水落鱼梁浅，天寒梦泽深”。

向学生提问：同学们再读读这两句，你从这两句诗中能发现什么？

学生很快发现“鱼梁”和“梦泽”、“浅”和”深”等两两相对的词语。

教师：我们来看一下这些词的词性有什么规律，平仄有什么不同。教师课件出示之前学过的律诗中的对仗句，让学生自己揣摩。

2. 教师小结：我们把律诗中这样有相同或相似词性、平仄相对的两句诗叫作对仗句，也叫对偶句。它是律诗的一种重要的修辞手法，也是律诗的一个不可取代的内容，是律诗中视觉艺术同听觉艺术构成的最直观的格律美。请留意并收集生活里遇到的对仗句。

3. 依律而诵。

让学生采用多种方式诵读，感悟诗韵格律之美。

（五）背诵总结多积累

指名学生当堂背诵，也可以小组或全班背诵。

五、教学资源链接

岘　山

岘山位于湖北省襄阳市的西南面，是襄阳市的重要景点之一。

它到处是名胜，遍身皆古迹——刘备马跃檀溪处、凤林关黄祖军士射杀孙坚处，以及羊祜的堕泪碑、杜预的沉潭碑、刘表墓、杜甫墓、张公祠、高阳池、王粲井、蛮王洞等古迹蜿蜒数公里。在岘山顶向南看，有楚皇城、张自忠上将抗日殉国处；朝东看，有鱼梁州与孟浩然的隐居地鹿门山隔水相望；向北远眺，襄阳米颠纪念馆、古邓国和关羽水淹七军遗迹尽收眼底；向西看去，孔明躬耕地——古隆中烟雨朦胧。岘山脚下的襄阳城和夫人城，是宋元大战之地。

孟浩然

孟浩然（689—740），唐代诗人。襄州襄阳（今湖北襄阳）人。早年隐居鹿门山。年四十，游长安，应进士不第。后为荆州从事，患疽卒。曾游历东南各地。诗与王维齐名，并称“王孟”。孟浩然长于写景，其诗情怀真率，清淡幽远，多反映游历及隐逸生活。

第十四课　登　高

一、教学目标

1. 在反复诵读中，感受这首诗通体对仗、言简义丰的语言特色，并熟读成诵。

2. 借助注释了解诗文大意，借助背景资料体会作者长年漂泊、忧国伤时、老病孤愁的复杂感情。

3. 初步了解由情选景、寓情于景的表达方式。

二、教材解读

（一）原文

登　高

〔唐〕杜甫

风急天高猿啸哀，渚清沙白鸟飞回。
无边落木萧萧下，不尽长江滚滚来。
万里悲秋常作客，百年多病独登台。
艰难苦恨繁霜鬓，潦倒新停浊酒杯。

（二）原文解析

《登高》是唐代诗人杜甫于唐大历二年（767年）秋天，在夔州所作的一首七言律诗。作者通过登高所见的长江萧瑟秋景，倾诉了其长年客居他乡、病老孤愁的复杂感情，读起来慷慨激昂、动人心魄。

公元767年，也就是安史之乱结束的第四年，全国仍有不少地方军阀混战、争夺地盘，时年五十六岁的杜甫在好友严武的府里担任幕僚。严武不久后病逝，失去依靠的杜甫只好买舟南下夔州。途中因疾病缠身，滞留云安数月。到了夔州，虽蒙当地都督照顾，但依旧贫病交加。适逢重阳日，杜甫独自登上夔州白帝城外的高台，所见江景萧瑟，引发了他对身世飘零、老病孤愁的感慨，于是百感交集地写下了这首慷慨激越的《登高》。

全诗八句，前四句写登高见闻，后四句抒发触景生情的感慨。

首联“风急天高猿啸哀，渚清沙白鸟飞回”，大意是：风急天高猿猴啼叫显得异常悲哀，水清沙白的河洲上不时有鸟儿在盘旋。作者用“风急”带动全联，立时给人以秋风猎猎之感，加之峡中高猿长啸、洲渚上群鸟回旋，顿时构成了一幅精美的江边秋景图。其中天和风、沙和渚、猿啸和鸟飞，尽谢斧凿，自然成对。更精妙的是，全联不仅上下两句对，而且还有句中自对，如上句“天”对“风”、“高”对“急”，下句“沙”对“渚”、“白”对“清”，读来既有节奏感，又有画面感。

颔联“无边落木萧萧下，不尽长江滚滚来”是千古名句，句面的意思集中表现了夔州秋天的典型特征。诗句的大意是：无边无际的树木萧萧地飘下落叶，滚滚的长江奔腾不息。但是句子的深意是：作者仰望茫无边际、萧萧而下的落叶，俯视奔流不息、滚滚而来的江水，心中禁不住泛起了沉郁的悲凉之情——滚滚长江东逝水，岁月无情催人老，壮志未酬心不甘啊！全联对仗工整、气势磅礴、浑然天成，被古人誉为“古今独步”的“句中化境”。

颈联“万里悲秋常作客，百年多病独登台”，作者开始抒情。其大意是：对秋色悲叹自己常年漂泊在外，暮年多病的自己独自攀登高台。一个“悲”字奠定了全诗的感情基调，一个“独”字让画面愈加凄凉——在秋风萧瑟之时，一位老人带着病体独自登上高台。此联的“万里”“百年”有和上联的“无边”“不尽”相互呼应的作用，使作者暮年登高台的时间维度、空间背景都显得雄浑高阔，在情景交融之中，其羁旅愁孤之感就更显深沉而辽远了。

尾联“艰难苦恨繁霜鬓，潦倒新停浊酒杯”一句倾倒了作者的满腔悲凉。诗句的大意是：历尽了艰难苦恨，白发长满了双鬓，衰颓满心偏又暂停了浇愁的酒杯。作者常年漂泊异乡，备尝艰难困苦，家仇国难，自己两鬓渐白，再因病断酒，悲愁就更难排遣。全诗唯此联不像前六句那样“飞扬震动”，而是“软冷收之，其无限悲凉之意，溢于言外”。

此诗“全篇之中，句句皆律；一句之中，字字皆律”。前半写景、后半抒情，写法错综、状景逼真，大气磅礴、感情强烈，其水平之高被明朝胡应麟誉为“旷代之作”“七律之冠”。

三、教学建议

（一）层层诵读，平仄相间出韵味

《登高》被誉为“七律之冠”，其艺术造诣在格律诗里少有出其右者。诗句的平仄、押韵、对仗等都极讲究又自然，非常值得带领学生细细品读。

在课前，教师要布置学生预习，要求学生能读正确全诗的字音，对有疑惑的个别字义要查工具书。在进入课堂的“初步感知诗文”环节后，随机检查学生的预习情况，要求学生运用已学知识与技巧读出节奏和韵味。

教师在这一环节要注意的是，对诵读的要求不可过于宽泛，一定要具体而又层层递进，这样对学生来说具有可操作性，课堂教学也更容易出效果。在读出韵味的方法指导上，教师可以示范快读和慢读的对比，让学生自己体会并发现“慢读出韵味，快读出节奏”的朗读技巧。

此外，学生诵读的形式尽量多样化，避免枯燥重复，教师要及时评价鼓励。要注重学生参与度，让绝大多数学生在这一环节都能熟读成诵，为品悟诗情铺垫好文本和情感基础。

（二）揣摩语言，知人论世品诗情

学生诵读诗句之后，对诗歌所表达的情感已有一定的体会，但可能不全面不深入。教师在这一环节的教学里，可以指导学生从以下两方面入手：

一是从文本出发，揣摩作者的意图。比如，教师可以让学生找出诗眼：你觉得诗中哪个字是作者内心的真实写照？学生若找到“悲”字，教师可以相机追问：哪些地方你觉得“悲”？为何说猿啸是“哀”的？为何写长江水？让学生紧扣诗中的词语，把诗句从头至尾梳理、揣摩一遍。

二是知人论世有共情。教师可以利用课件给学生展示作者所处的战火频仍、民不聊生的动荡年代和作者常年漂泊、壮志未酬、贫病交加的基本情况，引导学生换位移情，从而真正体会到作者的悲情不是无病呻吟，而是有感而发。

（三）对比归类，情景相应悟诗法

在品读悟法的教学环节里，首先让学生分别诵读写景部分和抒情部分，引导学生去体味“景”是怎样的景，“情”是怎样的情。

经过几轮读与思，学生能深刻感悟到作者眼中“猿啸哀”“鸟飞回”“落木”的景是多么萧瑟而悲凉，从而与作者产生“悲秋”“苦恨”“潦倒”等凄苦而悲愁的共情，也更进一步明白诗中景由情生、情因景显、寓情于景写作手法的妙处。

像这样借景抒情的诗歌在本册教材已经出现过不少。对于什么样的情会选什么样的景，什么样的景适合表达什么样的情，如何才能情景相融，以及如何去正确领会和适当运用这一写作手法等问题，教师可以在“悟诗法”的环节里拓展并归类小结。

四、教学设计示例

（一）趣味抢答，导入新课

1. 抢答。

（1）有位作者，他与李白齐名，被世人称为“诗圣”“诗史”，他是谁？

（2）他的一生是富贵且仕途坦荡的，还是命运多舛且忧国忧民的？

（3）他特别擅长写律诗还是写绝句？

2. 揭题。

教师：他写有一首被称为“七律之冠”的律诗，这首诗究竟写得有多好，为何被古今文人如此推崇，我们这节课就来学习品读这首诗。

出示课题《登高》。

（二）层层推进，熟读成诵

1. 要求学生正确朗读。

2. 要求学生有节奏地朗读。

学生自由诵读，边读边完成节奏标记。再指名学生读，教师指正并示范。

3. 要求学生读出平仄。

要求边读边标、标后再读。教师指名读，及时指正并给予正面评价。

4. 要求学生找出韵脚。

教师相机指导“回、来、台、杯”等韵脚字要读得绵长而意深。

5. 依律而诵，综合训练。

结合节奏、平仄和押韵进行综合性诵读训练，可以采取多种方式进行——个人诵、小组诵、齐诵、听配乐诵等，教师结合学生的诵读情况进行有针对性的指导和评价。

6. 总结方法。

教师小结出“慢读出韵味，快读出节奏”的朗读技巧。

（三）揣摩语言，知人论世品诗情

1. 找诗眼读。

教师：过去的诗论家把诗句中最关键或最精彩的字词称为诗眼，请各位同学小声读诗，找出本诗的诗眼。

学生相互交流自己找出的诗眼，并说明理由。

2. 找景物读。

教师：全诗的首联和颔联都是写景，把写景的词都标记出来，读一读，想一想，你看到了什么？听到了什么？如果你是作者，你会有什么样的感受？

3.了解作者再读。

教师：有的同学觉得诗中描写的景物很美，并没有作者说的那般满是悲楚，我现在带大家“穿越”回杜甫那个时代。

教师课件出示杜甫生平，并强调写诗时作者的处境。

教师：我们了解作者的处境后再读此诗，想象自己身临其境，就会发现全诗字字含泪满是悲凉！我们读诗，不仅要读出抑扬顿挫的韵味，更要把作者的情感读出来。让我们带着情感再读一读这首诗。

4.指名读，教师示范读，学生齐读。

（四）对比归类，情景相应悟诗法

1.纵向对比。

学生诵读诗中写景部分和抒情部分，教师提问启发学生思考：景，是怎样的景？情，是怎样的情？引导学生找到两者的契合点，从而体会寓情于景的写作方法。

2.横向比较。

课件出示——

孤帆远影碧空尽，唯见长江天际流。

国破山河在，城春草木深。感时花溅泪，恨别鸟惊心。

春风又绿江南岸，明月何时照我还？

（1）学生找出各诗句中写景的词，并在本子上写出体会到的对应的情感。

（2）学生展示。教师出示答案，请学生讨论不同的景物描写相应表达什么样的情感。学生自由说，教师板书罗列。

3.教师小结，并鼓励学生收集课外的借景抒情的律诗。

（五）课堂小结，诵读背诵入心间

1.教师总结：整首诗以“悲”字为核心，它既是贯穿全诗的主线，又是全诗的诗眼。作者由内心伤悲到登高遣悲，由登高遣悲到触景生悲，由触景生悲到想借酒消悲，由借酒消悲不成到倍增新悲。全诗起于“悲”且终于“悲”，悲景起笔，悲情落笔。让我们再次诵读全诗，读出作者的百感千愁，读出作者的忧国伤时。

2.课堂升华。

师：让我们为“诗圣”而诵，为“诗圣”而歌，将“诗圣”这首《登高》珍藏于心。

五、教学资源链接

杜　甫

杜甫（712—770），字子美，尝自称少陵野老。举进士不第，因安史之乱时冒险投奔唐肃宗，被肃宗授为左拾遗，故世称“杜拾遗”。不料因营救房琯，触怒肃宗，被贬到华州（今华县），负责祭祀、礼乐、选举、医筮、考课等事。在此后的几十年里，杜甫还在蜀中漂泊多年，于唐大历五年（770年）冬，在由潭州往岳阳的一条小船上去世。时年五十九岁。

杜甫是唐代最伟大的现实主义诗人，宋以后被尊为“诗圣”，与李白并称“李杜”。其诗大胆揭露当时社会矛盾，对穷苦人民寄予深切同情，内容深刻。杜甫的许多优秀作品显示了唐代由盛转衰的历史过程，因此他的诗被称为“诗史”。在艺术上，他善于运用各种诗歌形式，尤长于律诗；风格多样，以沉郁为主；语言精练，具有高度的表达能力。存诗1400多首，有《杜工部集》。

第十五课　登金陵凤凰台

一、教学目标

1. 能根据这首七言律诗的基本格律特点诵读成韵，背诵全诗。

2. 能借助历史典故理解诗的大致意思，并利用音、图交融的方式，感悟作者所抒思古之幽情、所写自然之壮美、所表忧国之愁绪。

3. 能发现诗中颔联和颈联对仗的特点，并能进行仿写句子、拟写对联。

二、教材解读

（一）原文

登金陵凤凰台

〔唐〕李白

凤凰台上凤凰游，凤去台空江自流。
吴宫花草埋幽径，晋代衣冠成古丘。
三山半落青天外，二水中分白鹭洲。
总为浮云能蔽日，长安不见使人愁。

（二）原文解析

《登金陵凤凰台》是李白的一首七言律诗，全诗八句五十六字，从自然写到历史，再写到当下社会，既抒发作者思古之幽情，又写出了江山之壮美，最后，再以慨古伤时结束。整首诗气势恢宏、情韵悠远、真切感人。

关于这首诗的写作背景有多种说法。有的说此诗是唐天宝六年（747 年）李白奉命“赐金还山”，被排挤离开长安，南游金陵时所作；有的说是李白被流放夜郎遇赦返回后所作；也有的说是李白游览黄鹤楼，并留下“眼前有景道不得，崔颢题诗在上头”后所作。无论是哪一种原因，李白内心表达的忧国伤时的情感是明确的。

首联“凤凰台上凤凰游，凤去台空江自流”，是说古老的凤凰台曾经有凤凰翔集遨游，可如今凤凰飞走了，凤凰台上空空如也，只留下滔滔江水依旧奔流不息。这两句写凤凰台的传说，十四个字中连用了三个“凤”字，却不让人觉得重复，反而让人感觉音节流转、明快、优美，还另有一种对“凤”的强烈期盼、对“凤去”的沉重叹息。凤凰台在金陵凤凰山上，相传南朝刘宋元嘉年间有凤凰集于此山，乃筑台，山和台也由此得名。在古代，凤凰代表祥瑞。当年凤凰来游象征着王朝的兴盛；而如今凤去台空，就连六朝的繁华也一去不复返了，只有长江的水仍然不停地流着，作者似乎在说大自然才是永恒的存在。

颔联“吴宫花草埋幽径，晋代衣冠成古丘”，是说东吴的宫苑里杂草埋没了幽幽的小径，晋朝的那些皇族贵戚也都早已成了古墓。这里是“凤去台空”这层意思的进一步发挥。三国时的吴和后来的东晋都建都于金陵。作者感慨万分地说，吴国昔日繁华的宫廷已经荒芜，东晋的一代风流人物也早已进入坟墓。言下之意，那一时的煊赫，在历史上也没有留下什么有价值的东西。

颈联“三山半落青天外，二水中分白鹭洲”，这里作者没有让自己的感情沉浸在对历史的凭吊之中，而是把目光又投向了广袤的天地之间：高耸的三山有半截插落青天之外，白鹭洲把秦淮河分割成两条支流。据陆游的《入蜀记》载：“三山自石头及凤凰台望之，杳杳有无中耳。及过其下，则距金陵才五十余里。”李白用“半落青天外”来形容三山若隐若现的景象，正是陆游所说的“杳杳有无中”，实是恰到好处又生动逼真。白鹭洲在金陵西边的长江中，把长江分割成两道，所以作者写“二水中分白鹭洲”，简练而形象。这两句诗气象壮丽，对仗工整，实乃佳句！

尾联“总为浮云能蔽日，长安不见使人愁”，是作者用比喻的写法说“乌云总是把太阳给遮住，这不见天日的长安城真是让人发愁”。长安是唐朝的都城，日是帝王的象征，这两句诗寄寓着作者的深意：皇帝被奸邪包围，而自己报国无门，心情十分沉痛。“长安不见”暗点诗题的“登”字，触景生愁，饶有余味。李白从六朝的帝都金陵看到唐朝的都城长安，历史的典故、眼前的景象触动了作者的内心，使其禁不住忧国伤时。

李白的这首《登金陵凤凰台》的艺术特点有三。

一是以气夺人。作者李白在诗中观古阅今，统揽四海，挥洒自如。首先，作者观眼前忆往昔，于“凤凰台上凤凰游，凤去台空江自流”“吴宫花草埋幽径，晋代衣冠成古丘”中蕴含着深邃的思想、高妙的见解；其次，于“三山半落青天外，二水中分白鹭洲”的巨大立体时空中，敞开了他阔大的心胸，打开了他高远的眼界；最后，在“总为浮云能蔽日，长安不见使人愁”的现实忧愤中，体现作者浩然雄大的气度。

二是以境入境。首先作者构造了一个时空艺术之境：“凤去台空江自流”是自然永恒之境，“吴宫花草埋幽径，晋代衣冠成古丘”是繁华和骄奢的烟消云散之境，“三山半落”“二水中分”是自然界辽阔之境，“浮云蔽日”是现实之境。然而，正是这时空艺术之境表达出作者的精神之境、思想之境。李白一直强调自然永恒不朽，坚持以自然为中心的“物我为一”世界观，打破历史上的统治崇拜的精神束缚。一直以来，统治者们都宣扬自己的世代永存与精神不灭，并且还把这样一种观念灌输给百姓。但是李白认为，再强有力的统治者，就如秦始皇，他可以“挥剑决浮云，诸侯尽西来。明断自天启，大略驾群才”，但同样也是“但见三泉下，金棺葬寒灰”，被历史的车轮碾压得烟消云散。在李白看来，宇宙万物之中，能够获得永恒存在的只有自然。

三是以词入韵。整首诗以作者登高所见为线索，情随景生，意象和情感和谐相成，诗文遣词造句更是别致自然，比如，凤凰台的“空”对应前面的“凤凰游”，给人以洁净、疏朗之感，与作者潇洒的气质和略带感伤的情怀相一致，且意到笔到、词义契合、内外呼应。再比如，作者“登临”的内在精神，与“埋幽径”“成古丘”的冷落清凉，与“三山”“二水”的自然境界，与忧谗畏讥的“浮云”惆怅和“长安不见”的无奈凄凉，都被恰切的语词链条紧紧地勾连在一起，使得全诗神韵相谐。真不愧为“古今题咏，惟谪仙为绝唱”！

三、教学建议

（一）对格律诗的特点进行归纳

从第八课开始，学生陆续已经学了多首绝句或律诗了，这首七言律诗是本书安排的最后一首诗，所以，教学时要引导学生进行一些格律诗特点的归纳总结，让学生对格律诗知识有一个粗略和整体的认知，这也是国学课程教学的一个基本目标。

1.律诗的押韵规律：一三五七不论，二四六八分明。这首诗的押韵字分别是第二、四、六、八句句末的“流”“丘”“洲”“愁”。有些律诗第一句也押韵，这首诗就是首句起韵的，韵脚是“游”。

2. 律诗的结构：一般是八句，第一、二句叫首联，第三、四句叫颔联，第五、六句叫颈联，第七、八句叫尾联，中间要有两副对子。也就是说，颔联和颈联要对仗，其余的可对仗也可不对仗。

3. 律诗的平仄：每首格律诗的联句上句叫出句，下句叫对句，上下两句一般要求平仄相对。但事实上，我们看到的律诗，很少有完全是平仄相对的格式，几乎每首诗总有些字不符合。这是因为，除基本的格式之外，还有其他一些规则。比如，有一种诗的格律要求是“一三五不论，二四六分明”，意思是讲：七言诗每句的第一、三、五字，平仄可以不论，用平声字或仄声字都可以；第二、四、六字的平仄必须分明，必须按照平仄格式的规定选用平声字或仄声字。

当然，格律诗的特点还有很多规则和格式，小学阶段，教师在教学时只需要通过引导学生观察、发现一些简单的规律和特征，然后稍做补充说明即可，让学生产生饶有兴趣的探究欲才是最重要的，不要讲解过多的知识以免让学生产生畏难情绪。

（二）用多媒体辅助解意悟情

诗文中作者登临所见的景，无论是古迹“凤凰台”“吴宫”“古丘”，还是自然景观“三山”“二水”，对于小学生而言都是遥远而陌生的，让他们单从凝练的诗文字面去理解、去感同身受是很难的，这就需要利用图片让学生获得直观的感知，用音乐给学生身临其境的感觉。

当然，在出示图片时，如果教师能够进行声情并茂的解说，学生的代入感会更强。

（三）仿对仗手法进行拟写诗句

诗词教学以背诵积淀为重点目标，但在后阶段的教学中，随着学生对诗词格律的逐步感知和了解，对诗词的意境之美也有了一定的体悟后，教师可以有梯度地引导学生尝试进行一些仿写练习。

这首诗是一首登临诗，它与崔颢的《黄鹤楼》无论是思想内容还是写作方法上都有相似之处，所以，在对整首诗进行识律、解意、悟情后，可以让学生进行拓展性的诵读，并让学生根据格律押韵、颔联颈联须对仗的特点进行对句练习。

黄鹤楼

〔唐〕崔颢

昔人已乘黄鹤去，此地空余黄鹤楼。
黄鹤一去不复返，白云千载空悠悠。
晴川历历汉阳树，芳草萋萋鹦鹉洲。
日暮乡关何处是？烟波江上使人愁。

如果学生理解有困难，可以利用相关的景观图片来帮助学生抓住意象进行想象和思考。对于学生的仿写，教师要以鼓励为主，不要死板地扣住原诗，当然也要让学生对比感悟到作者高超的艺术表现手法。

四、教学设计示例

（一）故事导入

1. 教师趣讲诗仙李白与崔颢未谋面却知心的故事。（教师可参照“教学资源链接”中的故事改编。）

2. 揭题读题：登/金陵/凤凰台。

3.解题：从题目可以看出这首诗写什么内容？

（二）自学成果展示

1.展示诗文诵读。

（1）全班齐读展示。

（2）小组比拼展示。每组按座位号选两名学生朗读，教师根据朗读的情况，侧重从读正确、读流利两方面进行评价和指导。

（3）个人风采展示读。根据学生的朗读，侧重从停顿（七言律诗一般有223的停顿规律）、轻重、长短（注意“一三五不论，二四六分明”的规律）等方面进行评价和指导。

凤凰/台上/凤凰游，凤去/台空/江自流。
吴宫/花草/埋幽径，晋代/衣冠/成古丘。
三山/半落/青天外，二水/中分/白鹭洲。
总为/浮云/能蔽日，长安/不见/使人愁。

（“/”表示停顿，注意停顿时气不断；“______”表示声音拉长；“.”表示读重音。）

（4）全班齐诵。

2.展示自己的发现。

引导学生大胆发现。通过自学，同学们对这首诗会有很多的发现，比如从字词的理解、格律的特点、作者写作的思路、作者的情感表达等方面，下面请大胆展示自己的发现。

（1）字词句的发现。

（2）格律的发现。

（3）作者情感表达的发现。

（三）随机推进的两点

在上一个环节的教学中，根据学生的发现，随机进行下面两个方面的深入探究教学。

1.归纳七言律诗的格律特点。

押韵、句式、联句、对仗等特点，学生可以自主发现，可让学生自行进行梳理归纳，而平仄相对的规律特点，学生难以发现，教师可以列出一组联句来举例，进行一点简单的知识渗透，还可以出示前面几课所学的绝句和律诗来进行对比归纳。

2.感悟作者的情感：作者在表达什么？

（1）教师抛出问题引发学生的思考谈论。

作者只是在赞美壮观之景？只是在叹息逝去之思？还有什么？从哪个字最能体会到？

（2）音画插入，教师进行解说性引读，学生听完解说后读原句，升华情感。

师：相传，南朝刘宋元嘉年间，有一座山上突然汇集许多凤凰，于是，朝廷就在这座山上筑了一个台，此后，这山就叫凤凰山，这台就叫凤凰台。凤凰代表祥瑞，有凤凰来游，象征着王朝的兴盛。（出示“凤凰台”图、“凤凰齐集”图。）

生：凤凰台上凤凰游。

师：如今，凤凰飞去了，留下空空的凤凰台，六朝的繁华也一去不复返了，只有那滔滔的长江水仍然不停息地流着，所以说，大自然才是永恒的存在啊！（出示“空台边上水自流”图。）

生：凤去台空江自流。

师：金陵有“六朝古都”之称，三国时期的吴以及后来的东晋，南朝的宋、齐、梁、陈，先后在金陵定都。六朝时，金陵极为繁荣，是世界上最大的、人口超过百万的城市。绵长的秦淮河贯穿城内，两岸何其繁华。六朝虽繁荣，存续时间却很短，短短300多年转换了六个王朝，轮转之快，让人喟叹。如今，你看吴国那曾经繁华的宫殿已经荒芜，杂草蔓生遮盖了幽径；东晋时代的风流人物也早已作古，被埋进了坟墓，六朝的繁华也消失在历史的浪潮中。

生：吴宫花草埋幽径，晋代衣冠成古丘。

师：我们再来看眼前的河山。三峰并列，矗立在缥缈的云雾之中，若隐若现，好似落在了青天之外；秦淮河西入长江，被白鹭洲一分为二，形成两条河流。这景象是多么的壮丽、辽阔！

生：三山半落青天外，二水中分白鹭洲。

师：可叹这大好河山下，太阳却被乌云遮蔽，我看不到长安城，真叫人忧愁啊！就像我们的皇帝被奸臣包围，我报国无门一样，真是愁杀我也！

生：总为浮云能蔽日，长安不见使人愁。

（四）拓展性读写训练

1.阅读崔颢的《黄鹤楼》。

开课时，我们说到李白因为崔颢的《黄鹤楼》而神交崔颢，那么这首《黄鹤楼》到底妙在何处，能让我们的“诗仙”如此痴迷，我们来看看——

黄鹤楼

〔唐〕崔颢

昔人已乘黄鹤去，此地空余黄鹤楼。
黄鹤一去不复返，______________。
晴川历历汉阳树，______________。
日暮乡关何处是？烟波江上使人愁。

这崔颢似乎有意找“小诗仙”，留了两句，让你们去填。

2. 学生练写。

教师引导：根据图观察，你觉得这两句诗分别是写什么的？根据七言律诗的格律规定，诗人写这两句诗时必须注意些什么？

3. 展示评价。

五、教学资源链接

李白与崔颢的故事

大诗人李白才高八斗，叫人佩服，与同时代的杜甫历来被并称为“李杜”。即使是这样，杜甫同样佩服李白。杜甫在《寄李十二白二十韵》中是这样称赞李白的：

昔年有狂客，号尔谪仙人。
笔落惊风雨，诗成泣鬼神。
声名从此大，汩没一朝伸。
文彩承殊渥，流传必绝伦。

这首诗的每一句似乎都洋溢着杜甫对李白的无上美誉。

当然，才高八斗的李白可是傲气逼人的。可就是这样的李白，居然也会由衷地佩服一个人——崔颢，为什么呢？

或许李白当时并没见过崔颢，他所见到的，只是崔颢题在黄鹤楼上的一首诗——《黄鹤楼》：

昔人已乘黄鹤去，此地空余黄鹤楼。
黄鹤一去不复返，白云千载空悠悠。
晴川历历汉阳树，芳草萋萋鹦鹉洲。
日暮乡关何处是？烟波江上使人愁。

当李白看到这首诗的时候，由衷地赞叹：“眼前有景道不得，崔颢题诗在上头。”

虽未谋面，但是李白念念不忘崔颢；虽未为“黄鹤楼”赋诗，但是李白念念不忘《黄鹤楼》。终于有一天，李白在游览金陵凤凰台的时候，忽然有了灵感，写了一首千古绝唱——《登金陵凤凰台》。

李白的这首诗也成了世人传颂的名作，崔颢的“黄鹤”和李白的“凤凰”，这两只鸟儿“比翼双飞”，留下了一段千古佳话。

当然了，这只是一个有趣的故事而已。事实上，经过学者们的考证，李白看到崔颢的《黄鹤楼》确实是叹服不已，但并没有写下“眼前有景道不得，崔颢题诗在上头”，这两句诗只是后代的僧人经过黄鹤楼时杜撰的两句诗偈。

第十六课　桂枝香·金陵怀古

一、教学目标

1. 能熟读成诵，能利用归纳法初步感知词牌“桂枝香”的格律特点。

2. 借助注释和译文读懂词意，能在反复诵读中感悟作者对国家前途命运的忧虑和关注。

3. 能在诵读中，初步感受作者把壮丽景色和历史内容巧妙融合起来表达情感的用法之妙。

二、教材解读

（一）原文

桂枝香·金陵怀古

〔北宋〕王安石

登临送目，正故国晚秋，天气初肃。千里澄江似练，翠峰如簇。征帆去棹残阳里，背西风，酒旗斜矗。彩舟云淡，星河鹭起，画图难足。

念往昔，繁华竞逐，叹门外楼头，悲恨相续。千古凭高对此，谩嗟荣辱。六朝旧事随流水，但寒烟衰草凝绿。至今商女，时时犹唱，《后庭》遗曲。

（二）原文解析

从本课开始进入词的学习。《桂枝香·金陵怀古》是一首宋词，其中的“桂枝香”是这首词的词牌名，又名“疏帘淡月”，“金陵怀古”是本首词的题目，是中心内容的表达。

词是诗的一种特殊形式，是从唐朝兴盛的五言、七言格律诗发展出来的新型格律诗。它的产生与音乐有密切联系，特点便是“倚声填词”。在格律规定方面，不像五言、七言律诗那么规整，每一句的字数可以不相同，词的句子可以有长有短，所以也叫长短句，但是整体来说，词的格律比诗的要求更为严格、更为复杂，在填词时一般要做到“篇有定句，句有定字，字有定声”。

词有长短。根据字数分类：五十八字及以内的词为小令；五十九至九十字的词为中调；九十一字及以上的词为长调。根据分段不同又可以分为单调、双调、三叠、四叠。《桂枝香·金陵怀古》是一首双调词，共一百零一字，属于长调，押仄声韵，整首词的格调是先扬后抑。

《桂枝香·金陵怀古》的作者是“唐宋八大家”之一的王安石。王安石作为一个政治家、改革家、思想家，以一种忧国忧民的政治高度，去登金陵怀古，他站得高，也看得远。这首词的内容先是对古都金陵景物的赞美式描写，接着是对六朝历史教训的感叹式抒发，表达了他对当时朝廷的不满和对现实社会的担忧。

金陵作为六朝古都，一直繁荣而美丽，秦淮河如一条玉带贯穿市内，玄武湖、莫愁湖恰似两颗明珠镶嵌在其左右。王安石正是面对这样一片大好河山，想到江山依旧、人事变迁，怀古而思今，写下了这篇极具忧患意识的政治抒情词。

词的上片描绘的是金陵的壮丽景色。

首先以“登临送目”四字领起，为词拓出一个高远的视野——登山临水，举目望远。“送目”即远目、望远的意思。

“正故国晚秋，天气初肃”点明了地点和季节，因为金陵是六朝古都，乃称“故国”。“晚秋”“初肃”相对，瑟瑟秋风，万物凋零，呈现出一种“悲秋”的氛围。此时此景，登斯楼也，则情以物迁，辞以情发，这就为下片怀古所描述的遥远时间做了铺垫。

“千里澄江似练，翠峰如簇”中的“千里”二字，上承首句“登临送目”——登高远望即可纵目千里，下启“澄江似练，翠峰如簇”的大全景扫描，景象开阔高远。“澄江似练”源于谢朓诗句“余霞散成绮，澄江静如练”，在此与“翠峰如簇”相对，不仅对仗严谨、工整，构图上还以曲线绵延（“澄江似练”）与散点铺展（“翠峰如簇”）相映成趣。既有平面的铺展，又有立体的呈现，一幅金陵锦绣江山图便展现在眼前。

“征帆去棹残阳里，背西风，酒旗斜矗”是在前面对大全景的描绘之下对景物的具体描写。“残阳”说明此时正是黄昏，“西风”是典型的秋日景物，“征帆去棹”是指来往船只，此处暗写在秋日黄昏里来来往往的行旅匆匆。作者由自然的景物写到人的活动，词中画面顿时生动起来。

“彩舟云淡，星河鹭起”是点睛之笔。“彩舟”“星河”，色彩鲜明而有对比感；“云淡”“鹭起”，一动一静，动静相生。远在天际的船被罩上一层薄雾，水上的白鹭纷纷从河上惊起，不仅把整幅金陵秋景图展现得活灵活现，而且进一步拓宽观察的视野——在广漠的空间上，征帆渐渐远去，水天一色。如此雄壮宽广的气度、如此开阔旷远的视野，与王勃的“落霞与孤鹜齐飞，秋水共长天一色”比较，两者展现的气度与视野不相上下，一为千古传诵的骈文警句，一为前所未有的词中创境，可谓异曲同工。紧接着赞叹一句“画图难足”结束了上片，发出了感叹：此情此景真是美不胜收，难以描述！

下片转入怀古，揭露六朝统治阶级“繁华竞逐”的腐朽生活，对六朝兴亡发出意味深长的感叹。

“念往昔”一句，由登临所见过渡到登临所想，转承自然。

“繁华竞逐”是对千古兴亡事的感叹，叹金陵繁华表面下统治阶级那纸醉金迷的生活。紧接着又一声叹息，“叹门外楼头，悲恨相续”，此句话出自杜牧的《台城曲二首》中的诗句“门外韩擒虎，楼头张丽华”，化用其意，以典型化手法，再现当时隋兵已临城下，陈后主居然对国事置若罔闻，危难之际还在和妃子们寻欢作乐的可悲场景。这是亡国悲剧的艺术缩影，嘲讽中深含叹惋。“悲恨相续”，是指其后的统治阶级不以此为鉴，挥霍无度、沉溺酒色，江南各朝，覆亡相继，遗恨之余，嗟叹不已。

“千古凭高对此，谩嗟荣辱”这两句是直接抒情，抒发了作者对前代吊古、怀古不满之情。“谩嗟”是空叹的意思，自古多少人凭吊这古迹，追述往事，空叹历朝兴衰。

“六朝旧事随流水，但寒烟衰草凝绿”二句，化用窦巩《南游感兴》中的诗句“伤心欲问前朝事，惟见江流去不回。日暮东风春草绿，鹧鸪飞上越王台”，借“寒烟”“衰草”寄惆怅心情。去的毕竟去了，六朝旧事随着流水消逝，如今除了眼前的一些衰飒的自然景象，便不能再见到其他什么。

更可悲的是“至今商女，时时犹唱，《后庭》遗曲”，这里化用了杜牧的《泊秦淮》中的诗句“商女不知亡国恨，隔江犹唱后庭花”。“商女”是指酒楼茶坊的歌女，“《后庭》遗曲”指亡国之君陈后主作的《玉树后庭花》，其词哀怨绮靡，后人将它看成亡国之音。此三句表面上说的是商女忘记了亡国之恨，实际上说的是统治者醉生梦死，才使亡国的靡靡之音充斥在金陵的市井之上。

这首词在艺术手法上是上乘之作。

首先，这首词写景奇伟壮丽，气象旷远绵邈，充分显示出作者立足之高、胸襟之广。此词景物有实有虚，色彩有浓有淡，远近交错、虚实结合、浓淡相宜，构成一幅美不胜收的金陵风景图。

其次，立意新颖、高瞻远瞩，表现出一个清醒的政治家的真知灼见。《桂枝香·金陵怀古》下片所发表的议论，绝不是慨叹个人的悲欢离合、闲愁哀怨，而是反映了作者对国家和民族命运前途的关注和忧虑。

再次，章法上讲究起承转合、层次井然。上片首句“登临送目”四字笼罩全篇。写景先从总体写起，接着是近景、远景，最后以“画图难足”收住，既总结了上片写景，又很自然地转入下片议论，自然妥帖。下片议论：金陵如此壮丽，然而它正是六朝相继灭亡的历史见证。然后转入现实，结句又回到今天。首尾圆合、结构谨严、逐层展开、丝丝入扣。

最后，用典贴切自然。“千里澄江似练”化用谢朓《晚登三山还望京邑》中的诗句“余霞散成绮，澄江静如练”；“星河鹭起”化用的是李白《登金陵凤凰台》中的诗句“三山半落青天外，二水中分白鹭洲”；“叹门外楼头，悲恨相续”用的是隋灭陈的典故，“门外”言大军压境，“楼头”说统治者的荒淫无耻，作者巧妙地借用“门外楼头”四个字，极其精练而又形象地表现了六朝的覆灭；“《后庭》遗曲”四个字作为结束语，是化用杜牧《泊秦淮》中的诗句，但赋予它更为深刻、精辟的思想内容。短短的一首词，多处巧妙用典，妥帖而深刻。

三、教学建议

（一）认识词曲，知晓格律

五年级的小学生已在语文学习中接触过词，初步感知了词的长短句特点。对于词的基本格律，小学语文教学中虽然没有明确要求，但是作为传统文化教育的专属课程，在教学中有必要带领学生去初步了解词的一些格律特点，感受诗词的音韵格律之美。所以，本课教学建议从词的特点引入，让学生带着对这种传统的文学体裁的探究心理走进词的天地。

首先，让学生对唐诗的绝句和律诗做一个回顾，特别是回顾律诗在字句、押韵、平仄、对仗等方面的严格规定。然后再以时间为轴把学生引入宋词的探究之中，请学生思考宋词的格律和唐诗相比有怎样的变化，让学生带着好奇心走进宋词，此时学生有探究欲，但教师不要急着告知学生答案，而是要让学生通过自己的探究去发现、归纳。

在学生通过对这首词的学习观察，发现了词的格律特点并对之有了具象的认识后，教师再引导学生做简练的总结："篇有定句，句有定字，字有定声。"古人作词是"倚声填词"的。

（二）切己体察，诵读入韵

词牌"桂枝香"有着严格的格律特点，但字数、上下片的句数、平仄、押韵等这些知识，对于小学生而言在理解上有一定的困难，教师在教学实践时适合采用归纳法，而不是演绎法，不能灌输式地讲解，而是要让学生在诵读的学习活动中去观察、去发现、去感知，让学生在与文本直接的接触中形成一个融听觉、视觉、触觉于一体的声韵场，然后做到切己体察，诵读入韵。

在教学时，可以先引导学生在诵读中从词体结构去发现词牌"桂枝香"的"形美"，然后，通过平仄、押韵等，去发现词的“声美”，再通过理解词意感知情感变化，并配上优美的音乐去表现词的“韵美”，这样层层递进、层层深入，既化解了学生学习的困难，也让学生在一步步的探究活动中获得成就感。

1.初读时，让学生发现词牌“桂枝香”的“篇”“句”“字”的特点，并小结：

上片：45464734444（十一句，四十九字）。

下片：34546477444（十一句，五十二字）。

词分成两“片”或“阕”，前一部分叫“上片”或“上阕”，后一部分叫“下片”或“下阕”。这样的格式我们称之为双调。全篇上下片双调，各十一句（上片“背西风，酒旗斜矗”本属于一句，下片“念往昔，繁华竞逐”也本属于一句，此处将其各分为二句），共一百零一字。

2.再读时，引导学生发现“字有定声”的规律：押韵和平仄。

词牌“桂枝香”押仄声韵——上片第三、五、八句句末押“u”韵，下片第四、六、八、十一句句末押“u”韵。

这首词的平仄规律为：

平平仄仄，仄仄仄仄平，平仄平仄。平仄平平仄仄，仄平平仄。平平仄仄平平仄，仄平平，仄平平仄。仄平平仄，平平仄仄，仄平平仄。

仄仄平，平平仄仄，仄平仄平平，平仄平仄。平仄平平仄仄，仄平平仄。仄平仄仄平平仄，仄平平平仄平仄。仄平平仄，平平平仄，仄平平仄。

3.当然在诵读入韵的训练中，教师需要给学生提供更具体的指导。

比如，通过停顿来表现声韵中的节奏感，通过轻重缓急、平长仄短来表现声韵中的起伏感。

（三）抓住物象，还原画面

在词句的理解上，不求一一对译、字字落实、句句确切，而拥有一种大体、模糊的感知即可，所以在教学中，让学生在学习中抓住一些具体的物象后，再去形成画面感，知情明意也就水到渠成了。

教师可以解构原文，比如通过提问引导学生理解原文。秋日的傍晚，作者王安石站在金陵古城上，登高远望，他望见了哪些景物？引导学生把“澄江”“翠峰”“征帆”“酒旗”“彩舟”“星河”“鹭”等物象找出来，再根据自己的生活体验还原组合成词中描写的画面。

还可以利用多媒体技术，将视觉、听觉与语言文字有效结合，构建良好的动态化情境，让学生个性化地表达诗意，逐步引导学生加强对古诗词内容的理解，进而增强学生的阅读自信心，激发他们的阅读兴趣。

（四）穿插故事，典故释意

这首词中多处化用前人的诗句来写景，形象而生动。作者借用历史典故来表意，将无法直接表达的不满与忧愤隐含其中。在教学时，教师有必要穿插历史故事，比如陈后主的故事，让学生多方位地了解中国历史，也帮助学生更好地读懂作者的内心表达。

这样的国学课堂才能让学生情景交融地学传统文化、爱传统文化，启智于传统文化、立德于传统文化，让学生在进行语言文字训练、提高语文素养的同时，感悟诗词的深刻内涵、高远意境，接受相应的审美教育、生命教育与德行教育。

四、教学设计示例

（一）回顾导入

1.回顾唐诗的格律特点：前段时间，我们学习了很多唐诗，也了解了唐诗的一些格律特点，现在，我们一起来回顾一下，唐诗有哪些特点。

2.引发学生对宋词的期待：“唐诗宋词”是中国历史长河中两颗璀璨的明珠。那么，词，有着怎样的格律特点，有着怎样的语言风格？让我们从本课开始，走进词的世界去一探究竟。

3.读题解题：读后请说说《桂枝香·金陵怀古》中的圆点的前后分别是词的什么？

（二）察声观形

1.检测自读情况。

（1）读正确：课前大家已经自读了，能读准吗？齐读后，再多层面指名读。在学生读的过程中纠正或强调易错字词“棹”“谩嗟”“凝”的读音。

（2）读流利：还能加快速度读吗？男女赛读、小组赛读。

2.引导发现规律——读出格律之妙。

（1）请默读这首词，并根据这首词完成字数统计。

第一段，有____句，每句分别是多少字，请接着填写完整： 4 5 4 ____________________（共有　　字）。 第二段，有____句，每句分别是多少字，请接着填写完整： 3 4 5 4 ____________________（共有　　字）。

（2）归纳：宋词的一个基本特征是“篇有定句，句有定字”。它上下片的句数和字数都是固定的，就好像我们现代歌曲的谱子一样，无论你填什么歌词进去，谱子是不变的，这也是

宋词的一个特点，叫“倚声填词”。

（3）了解这首词的押韵规律。

总结：在哪句句末押韵，对于“桂枝香”这一词牌而言都是固定的。其实每个字的平仄都是规定好的。

（4）指导诵读。注意声断气连；注意起承转合上快慢有别，轻重不同。这样的一种语言结构会带给人一种怎样的声韵感觉呢？教师有韵味地诵读示范后，再指定学生诵读，教师通过对比指导学生掌握诵读技巧。

（三）会意悟情

1. 了解词文意思。师生“对句”，教师用大白话描述句子的含义，学生对出相应的句子。

2. 把握词的结构。

例：从词的上下片的第一句，你分别可以判断出什么？（上片写景，下片怀古。）

3. 品读上片，想象画面。

（1）读着读着，你读出了词中的哪些景物？这些景物的出现有什么讲究吗？请圈出来。

（2）这样的一些事物构成了一幅怎样的画面？请展开你的想象，随着这悠悠的古乐朗读出来。注意在轻重缓急中展现作者笔下金陵古城那壮丽的美。

（3）引读：看看作者是怎样描绘这幅盛景图的。

师：放眼望去，词人看到的是——

生：千里澄江似练，翠峰如簇。

师：那是一种安静而宏大的美，再往下看，那江面上——

生：征帆去棹残阳里，背西风，酒旗斜矗。

师：那是一种流动而灵动的美，那还是多彩的美——

生：彩舟云淡，星河鹭起。

师：眼前的这番景象，真是美不胜收、难以描述啊！所以，词人赞叹——

生：画图难足。

（4）用多媒体音画呈现词中景象，让学生在诵读中感悟词中景象的美好。

4.品读下片，感受情感。

（1）“念往昔——”由金陵的景想到金陵的人和事，作者想到了什么人和事？（自由读，然后指名提问。）

（2）下片中提到了历史上的人和事，让我来讲讲那“楼头”的事吧……所以作者王安石写到“叹门外楼头，悲恨相续”，可现实是“至今商女，时时犹唱，《后庭》遗曲。”

（3）再讲讲王安石的事吧……所以，他想表达的是什么？

（四）总结梳理

1.词牌“桂枝香”的特点。

2.思考：《桂枝香·金陵怀古》最打动你的是什么？

五、教学资源链接

南朝陈后主

陈后主（553—604），即“陈叔宝”。南朝最后一位皇帝。公元582—589年在位。陈宣帝陈顼的长子。字元秀，小字黄奴。在位时增关市之征，暴取于民，以大建宫室，日与妃嫔、文臣游宴，制作艳词《玉树后庭花》《临春乐》等。隋军八路南下时，犹恃长江天险，不做戒备。陈祯明三年（589年），建康（今江苏南京）破，匿井中被俘。掳至长安，仍诗酒如故。有辑本《陈后主集》。

第十七课　渔家傲·秋思

一、教学目标

1. 能熟读成诵，能初步感知词牌“渔家傲”的格律特点，能背诵全文。

2. 借助注释、译文读懂词意，能根据写作背景感受作者描写寥廓荒僻、萧瑟悲凉的边塞，感悟到作者壮志难酬、思乡忧国的情怀。

3. 能在赏析中，初步感受作者变低沉婉转之调为慷慨雄放之声的艺术手法之妙。

二、教材解读

（一）原文

渔家傲·秋思

〔北宋〕范仲淹

塞下秋来风景异，衡阳雁去无留意。四面边声连角起。千嶂里，长烟落日孤城闭。

浊酒一杯家万里，燕然未勒归无计。羌管悠悠霜满地。人不寐，将军白发征夫泪。

（二）原文解析

《渔家傲·秋思》是一首双调宋词，其中的“渔家傲”是这首词的词牌名，又名“渔歌子”，“秋思”是这首词的题目，是中心内容的表达。

《渔家傲·秋思》是北宋著名的政治家、军事家、文学家、教育家范仲淹的词作。宋康定元年（1040年）至庆历三年（1043年），范仲淹任陕西经略副使兼延州知州。范仲淹是一位治军有方的军事家，在他镇守西北边疆期间，既号令严明又爱抚士兵，深为西夏所惮服，人们称他“腹中有数万甲兵”。这首词就是他身处军中的感怀之作。范仲淹用近乎白描的手法，在上片描摹出了一幅寥廓荒僻、萧瑟悲凉的边塞图，在下片则抒发边关将士壮志难酬、思乡忧国的情怀。整首词表现了将士们的艰苦生活及英雄气概，意境开阔苍凉，形象生动鲜明。

上片着重写景。

“塞下秋来风景异”这一起句直接道出时间与地点，“塞下”点明了延州所在区域，“秋来”点明了季节，“风景异”概括地写出了延州秋季和内地大不相同的风光。作者是苏州人，对延州这个地方的季节变换远比北方人敏感，故用一个“异”字概括，这中间含有惊异之意。

“衡阳雁去无留意”，雁是候鸟，每逢秋季，北方的雁即飞向南方避寒。“无留意”是说这里的雁到了秋季即向南展翅奋飞，毫无留恋之意，反映了这个地区到了秋天寒风萧瑟、满目荒凉。反过来说，这个地区秋天的荒凉景象，尽括在“无留意”三字之中，显得笔力遒劲。

“四面边声连角起”续写延州傍晚时分的战地景象——四面

八方传来的边地肃杀之声随着军中的号角声而起，形成了浓厚的悲凉气氛，为下片的抒情蓄势。

“千嶂里，长烟落日孤城闭”：上句写延州周围环境，它处在层层山岭的环抱之中。下句的“长烟落日”很容易使读者联想起唐代王维的“大漠孤烟直，长河落日圆”，这四字写出了塞外的壮阔风光。而在“长烟落日”之后，紧缀以“孤城闭”三字，气象便不相同。“千嶂”“长烟”“落日”“孤城”，这是所见，与上一句的所闻一起，将一幅充满肃杀之气的战地风光画展现在我们眼前。特别值得玩味的是“孤城闭”三字，它隐隐地透露出对宋朝不利的军事形势。宋朝从建立之后，就采取重内轻外政策，对内加紧控制，把禁军分驻全国各地，而长期放弃边疆警戒，武备松弛。宋宝元元年（1038年）西夏李元昊称帝，宋廷调兵遣将，扬声讨伐，而事起仓促，将不识兵、兵不知战，以致每战辄败。范仲淹到任后，一方面加强军队训练，一方面在延州周围构筑防御工事，始终居于守势，不敢轻易出击，延州局势才暂时稳定下来。就整个形势来说，延州仍处于孤立状态。所以“孤城闭”三字真实地反映了当时宋朝的军事态势以及宋朝守军力量的薄弱，作为防御屏障的城门，太阳一落就关闭起来，说明了形势的严峻。这一句为下片的抒情做了铺垫。

下片着重抒情。

“浊酒一杯家万里”作起句，作者直抒胸臆。他身负重任、防守危城，天长日久，难免产生乡关之思。“一杯”“万里”之间形成了悬殊的对比，一杯浊酒，消不了浓重的乡愁，语言雄浑有力。

“燕然未勒归无计”，战争没有取得胜利，还乡之计是无从谈起的，这表达得很直白。

“羌管悠悠霜满地”写夜景，在时间上是“长烟落日”的延续。深夜里传来了悠扬的羌笛声，大地上铺满了秋霜。耳闻目睹，都给人以凄清、悲凉之感。

“人不寐，将军白发征夫泪”正好补叙上句，表明作者彻夜未眠、徘徊于庭中。由将军到征夫，总收全词。将军（或者说作者）通宵不眠、发为之白，很明显是“燕然未勒归无计”造成的，征夫落泪也是出于同样原因。征夫和将军的思想感情是一致的：既希望取得伟大胜利，又难免思念家乡。战局长期没有进展，妻子儿女魂牵梦萦。爱国激情、浓重乡思兼而有之，构成了他们复杂而又矛盾的情绪。将军与征夫的矛盾情绪通过全词的景物描写、气氛的渲染，委婉地传达出来，情调苍凉而悲壮，和婉约词的风格完全不同。

这首词变低沉婉转之调为慷慨雄放之声，把有关国家、社会的重大问题反映到词里，可谓大手笔。从词史上说，这首词沉雄开阔的意境和苍凉悲壮的气概，对苏轼、辛弃疾等也有影响。

三、教学建议

（一）由词牌走进词

通过前一课的学习，学生对于词的格律特点有了一定的感知和认识，这一课的教学建议直接从词牌引入。

“篇有定句，句有定字，字有定音”，这是词的格律特点，经过上一节课的学习，学生已经对词的格律特点有了基本的认识，可以通过复习进入新的词牌“渔家傲”。带领学生由对新的词牌的好奇开启《渔家傲·秋思》的探究之旅。首先，在初读时就可以让学生自主发现并小结词牌“渔家傲”的格律特点。

词牌“渔家傲”的格律为双调六十二字，上下片各五句——

上片：77737（五句，句句押韵，押“i”仄声韵）。

仄仄平平平仄仄，平平仄仄平平仄。仄仄平平平仄仄。平仄仄，平平仄仄平平仄。

下片：77737（五句，句句押韵，押“i”仄声韵）。

仄仄平平平仄仄，平平仄仄平平仄。仄仄平平平仄仄。平仄仄，平平仄仄平平仄。

再读时，引导学生从词牌“渔家傲”的韵律走进《渔家傲·秋思》的词中。让学生根据这首词的格律进行诵读，注意引导学生根据“平长仄短，声断气连”的读法，让学生在起承转合的诵读中感受词牌“渔家傲”沉郁而低沉的旋律，从而渐渐走进词的意境之中。

（二）由词境走进作者

在学生基本读懂了作者所写的意思后，引导学生抓关键词，感受词的意境。比如在学习上片时可以提问：作者描绘的是怎样的景？可以从哪些字词或句子中感受到？然后，引领学生跟着“秋来”“雁去”“边声”“千嶂”“落日”“孤城闭”等具体的物象走进那寥廓荒僻、萧瑟悲凉的意境中，反复诵读感悟。

接着再追问一句：身处这样的境地，作者在做什么、想什么呢？学生很容易从“酒”“家”“未勒”“羌管”“霜”“不寐”“白发”“泪”这些字词中想象出作者孤灯夜下喝闷酒、思家乡、愁战事、爱家国的伟岸而清冷的身影，想象出作者矛盾而复杂的情绪。

当学生完全进入词的意境中后，再相机穿插作者的生平介绍——少年苦读及第、为民治堰、执教兴学、赈灾济民、秉公直言、戍边等，让学生全方位地认识这样一位文武双全的军事家、政治家、文学家，让学生更深刻地理解作者的内心感受，与作者所抒发的情怀产生共鸣，从而体味到此词在低沉婉转中所蕴含的慷慨雄放之声，特别是一句“人不寐，将军白发征夫泪”更是让人体悟到这首词惆怅忧闷后暗藏的沉雄开阔的意境和苍凉悲壮的气氛。

四、教学设计示例

（一）词牌导入

1.导入：“篇有定句，句有定字，字有定音”，这是词的格律特点，上一节课，我们学习了词牌“桂枝香”的格律特点，这节课，咱们去认识一种新的词牌——“渔家傲”。

在这种词牌的词作中，北宋鼎鼎大名的范仲淹写的《渔家傲·秋思》是最负盛名的，今天就让我们来学习它，看看词牌“渔家傲”的格律又是怎样的。回顾上节课词牌，认识新的词牌“渔家傲”。

2.读题解题：从题目《渔家傲·秋思》中，你读出了哪些信息？指名说后再齐读。

（二）知韵入境

1.检测自读情况。

（1）展示朗读：齐读后，再指名读。在学生读的过程中纠正或强调易错字词“未勒”“不寐”等的读音。

（2）考查学生对字词的理解：教师随机抽测学生对“羌管”“边声”“燕然”“征夫”等字词的理解程度。

（3）你读我说：先请一位学生读一句，再请另一位学生说说这句词的含义。

2.探究词牌“渔家傲”的格律。

（1）默读，写出词牌“渔家傲”的格律特点。

（2）指导朗读：这样的一种语言结构会带给人一种怎样的声韵感觉呢？——教师根据“平长仄短，声断气连”的诵读方式进行示范性诵读，再指定学生诵读，教师通过对比指导学生掌握诵读的技巧。注意声断气连，起承转合上快慢有别，轻重不同。

（3）小结：词牌“渔家傲”又名“渔歌子”，这首词和四年级学过的张志和的《渔歌子》同词牌，但不同的是这首词押仄韵，读起来更为低沉清冷一些。让我们再次跟着这样的节奏走进诗境中。

（三）会意悟情

1.品读上片。

（1）出示词文诵读。

读着读着，你眼前出现了怎样一幅景象？可以从哪些字词中感觉出来？请圈出来。

学生自由表达。

（2）指导朗读：这样的景象构成了这样的画面，请看——（图片或视频出示词中画面）随着这悠悠的古乐朗读出来。指名朗读，尊重学生的个性表达。注意在轻重缓急中读出那种萧瑟寂寥的边塞秋夜的氛围。平长仄短，末尾的仄声字要读出入声字的感觉——短促快速，标停顿线的地方要注意“声断气连”。

（3）以多媒体音画呈现词中景象并配乐诵读，感悟词句中寂寥萧瑟的景象。

2.品读下片。

（1）这首词是写作者亲身的经历，而此情此景，作者身处这样的境地，他在做什么、想什么呢？请诵读下片，圈出你的发现。

（2）走近作者：还是先来看看范仲淹是一个怎样的人吧，

了解他的生平才能走进他的内心。知他懂他，你也自然会爱他敬他。

3. 诵读全诗，说说你认为作者在思什么。

（四）填词仿写

同学们已经连续学习了两首宋词，初步懂得了词的一些格律特点，也感受到了词的意境、风格。下面，咱们来学以致用。

请根据词牌“渔家傲”的格律特点和词的大意，补充填写空格处的字词。如果学生基础较弱也可选词填空。

渔家傲

〔北宋〕晏殊

画鼓声中昏又晓，时光只解____老。求得浅欢风日__。齐揭调，神仙一曲渔家傲。

绿水悠悠天杳杳，浮生岂得长年__。莫惜醉来______。须信道，人间万事______。

（催人、好、少、开口笑、何时了。）

（五）总结梳理

1. 配乐诵读全词。

2. 将自己最喜欢的句子背诵下来。

五、教学资源链接

范仲淹

范仲淹（989—1052），北宋政治家、文学家。字希文，苏州吴县（今江苏苏州）人。大中祥符进士。少时贫困力学，出仕后有敢言之名。宋天圣中任西溪盐官，参与重修捍海堰。宋景祐二年（1035 年），以天章阁待制权知开封府。次年，上

《百官图》议朝政，被指为朋党，贬知饶州。宋宝元三年（1040年）西夏攻延州，他与韩琦同任陕西经略副使，改革军制，巩固边防。宋庆历三年（1043年）任参知政事，建议十事，主张建立严密的任官制度，注意农桑，整顿武备，推行法制，减轻徭役，因为保守派反对而未能实现。他亦罢去执政，出任陕西四路宣抚使。后在赴颍州途中病死。工于诗词散文，所作文章富于政治内容，词传世仅五首，风格较为明健。《岳阳楼记》中的名句“先天下之忧而忧，后天下之乐而乐”传诵千古。著有《范文正公集》。

第十八课　小重山（昨夜寒蛩不住鸣）

一、教学目标

1. 能熟读成诵，能自主发现归纳出词牌“小重山”的基本格律特点。选择自己喜欢的句子背诵，基础好的同学能背诵全文。

2. 能借助写作背景，在反复诵读中体悟作者壮志难酬的孤愤心境和忧国忧民的爱国情怀。

3. 能在拓展性对比诵读中，初步感受作者含蓄委婉、沉郁蕴藉的写作风格。

二、教材解读

（一）原文

小重山

〔南宋〕岳飞

昨夜寒蛩不住鸣。惊回千里梦，已三更。起来独自绕阶行。人悄悄，帘外月胧明。

白首为功名。旧山松竹老，阻归程。欲将心事付瑶琴。知音少，弦断有谁听？

（二）原文解析

这首《小重山（昨夜寒蛩不住鸣）》是南宋抗金将领岳飞的词作。南宋绍兴七年（1137年），岳飞连续指挥军队收复黄河以南大片国土，形成西起川陕、东到淮北的抗金战线，准备大举收复中原，北上灭金。就在这时，担心危及自己皇位而不想让宋钦宗返回南方的宋高宗赵构，以不想伤害宋金关系为由，起用极力主和的奸臣秦桧为宰相，不但下令停止抗金，主动要和金兵议和，还连续迫害主战派，王庶、张戒、曾开、胡铨等一些主张抗金的爱国将领和官员都被罢免、除籍、编管，有的甚至惨遭杀害。但对于战功赫赫的岳飞，此时秦桧还不敢动他，只是坚决制止岳飞再与金国作战，大好的抗金复国形势眼看就要付诸东流。《小重山（昨夜寒蛩不住鸣）》一词正是在这种形势下写的。当时的岳飞内心极度郁闷，对猖獗的投降派极度愤慨，身为朝臣又无可奈何。夜深人静时，岳飞在元帅帐内独自诉说自己内心的苦闷，写下了这首《小重山（昨夜寒蛩不住鸣）》。

岳飞的这首《小重山（昨夜寒蛩不住鸣）》虽然短小，但含蓄隽永、明丽婉转、寓情于景，深切地表达了作者壮志难酬的孤愤心境和忧国忧民的爱国情怀。

词的上片借景抒情，写作者在凄清的月色下独自徘徊之景，抒内心难抑的忧国忧民、愁怀难遣之情。

“昨夜寒蛩不住鸣”：昨天夜里蟋蟀一直鸣叫不停。“寒蛩”点明了季节是深秋。

“惊回千里梦，已三更”：作者从金戈铁马对抗金兵的梦中惊醒了，而此时已经是三更天了。山河飘摇，国家残破，作者夙夜忧愁，而昨夜深秋的蟋蟀却不停地鸣叫，催逼着作者心中的隐忧和悲愤，使作者感到收复中原的责任更加沉重，“惊”字充分再现了在秋夜蟋蟀的凄清鸣叫声中作者终夜难眠的情景。“千里”指作者梦回家乡所在的中原地区，说明作者在睡梦之中也难平收复失地受阻的苦闷。

“起来独自绕阶行”：作者从梦中惊醒后，因梦见战场战事而忧国忧民，再无睡意，独自在台阶前徘徊。“独自”写出作者的孤独寂寞、心事无法向人诉说之状，可见其内心苦闷之深。

“人悄悄，帘外月胧明”：周围静悄悄的，人们都在熟睡，只有天上的明月撒下淡淡的冷光。深秋的月夜，凄清冷淡，表达了作者“众人皆醉我独醒，举世皆浊我独清”的孤独与凄凉心境。

词的下片沉郁蕴藉，述志抒怀，写作者因收复失地受阻，心事无人理解，而内心苦闷，流露出悲凉悱恻之思，抒发了作者壮志难酬的孤愤之情。

“白首为功名”直述心志：“我一生渴望为国建功立业，十几年的求索，就是想驱逐金人、收复河山。如今头发已经白了，壮志未酬空遗恨，但我痴心不改。”

“旧山松竹老，阻归程”：用松竹比喻中原父老，他们在金人的统治之下，顽强挺立，渴望早日复国，可如今他们都已老了，暗示了南渡时间之长。“阻归程”写投降派的求和主张阻挡了将士们收复中原、回归故乡的进程。作者竭尽心力，为了收复河山、建功立业，头发都白了。十多年的浴血奋战，就是为了某一天踏上归程。然而英雄的壮志难酬，到头来却得到一个宋金和议的结局。

“欲将心事付瑶琴。知音少，弦断有谁听？”这里化用善于操琴的俞伯牙和知音钟子期的典故寄托作者的一腔愤懑、无处言说的沉痛和无人理解的苦闷。作者将自己的心事寄托于琴弦，可是却没有知音，就是把琴弦弹断了也没有人来听。当时作者主张抗金，收复失地，但是朝野上下一片议和声，使作者陷入孤掌难鸣的处境，作者不禁担忧国家的未来和命运，心情沉重。

全词展现作者悲怆的情怀，多用比喻曲折地道出心事，含蓄委婉，沉郁而蕴藉，耐人寻味。这首词和《满江红（怒发冲冠）》那慷慨激昂的风格特点和艺术手法完全不同，但都表达了作者隐忧时事的爱国情怀。

三、教学建议

（一）由人进文

岳飞抗金的故事家喻户晓，课前可以布置学生搜集有关岳飞的故事，上课时教师适时地评价点拨，再播放岳飞征战沙场的影视视频，把岳飞忠君爱国、铁骨铮铮的形象展现在学生面前。

教师通过故事、声音、画面等方式给学生介绍相关背景资料。学生通过看、听、讲、想，充分感受到一个有血有肉的岳飞，从而很好地走入词中，为下一步的情感体会做好铺垫。

（二）诵文察律

在指导学生读准字音、读顺句子的基础上，注意朗读的节奏（声断气连）。应该多带读、范读，然后指导学生分清轻重缓急，抑扬顿挫地读，也就是平长仄短地读。最后，指导学生通过对本文段、句、字、韵的学习观察，发现词的格律特点。

（三）会文悟情

每一首词作都是作者在特定的情境下有感而发的，要想理解词作所表达的情感，一定要先搞清楚作者是在什么情境下写的、通过什么事物来表达情感。那么在这首词中，作者都写了什么事物呢？教师指导学生以事物为切入点进入词中，进而理解词的意思，为悟情打下基础。

接着，教师引导学生联系词的写作背景，感受当时作者内心极度苦闷、对投降派的极度不满，然而他身为朝臣又无可奈何的境况。请学生抓住几个关键词句，如“昨夜”“千里梦”“独自”“悄悄”“月胧明”“心事”“弦断有谁听”等，试着体会作者的孤独、思念、苦闷，并指导学生跟随配乐朗读。

四、教学设计示例

（一）激趣导入

播放岳飞征战沙场的影视视频。教师旁白：岳飞，是南宋初期抗金名将。他创作的《满江红（怒发冲冠）》一词，壮怀激烈，是千古传诵的爱国名篇。而我们今天要学的《小重山（昨夜寒蛩不住鸣）》运用不同的艺术手法，让我们有机会走进岳飞坚毅外表下那颗柔软的心。

（二）读文晓韵，察文识律

1.划分节奏。

（1）学生自由读这首《小重山（昨夜寒蛩不住鸣）》，注意读准字音，读顺句子。

（2）学生试读（教师评价，如果有读错的音及时纠正；“蛩”——“qióng”，“悄”——“qiǎo”）。

（3）指导学生读出节奏，体会作者写作时的心境。教师范读词的前两句，同时将朗读的节奏用“／”标出来，注意读法（声断气连）。

（4）学生试读（两名学生分读上下片，其余学生集体评价，然后再让全体学生读全词）。

2. 掌握轻重。

（1）指导学生读出轻重缓急、抑扬顿挫（平长仄短的读法：平声字读得轻而缓，声略长；仄声字读得重而急，声略短）。

（2）学生试读（可以尝试男女生比赛读）。

（3）教师评价，学生再试读。

3. 体会音韵。

（1）指导学生读出韵脚字。在读诗词时，除要注意节奏和平长仄短以外，还要突出韵脚字，韵脚字可以使诗词读起来产生铿锵和谐感。韵脚字在读的过程中应该读得重而略长（用“△”标出韵脚字：鸣、更、行、明、名、程、琴、听）。

（2）学生练习朗读，教师示范读，让学生进行比较，体会词中的节奏轻重缓急蕴含的韵律美。

（3）学生轻声跟着教师再次朗读。

4. 察文识律。

（1）让学生仔细观察这首词，然后自己试着总结出“小重山”这一词牌的格律。

本课的“小重山”是词牌名，它的格律为双调，五十八字，上下片各6句，押四平韵（上片753735，6句，三十字，押“ing”韵；下片553735，6句，二十八字，押“ing”韵）。

（2）学生讨论总结，并汇报。

全文双调五十八个字，按753735、553735的句式排列，上下片各四平韵，一句一韵，一韵到底。

（三）会文悟情

1. 读文会意。

（1）读文思考：这首词中，作者都写了什么？是通过什么事物来表达情感的？

（2）学生通过译文讨论汇报。

（3）教师播放配乐，并在配乐声中描述词所描写的画面。

2. 析词悟情。

（1）了解背景。

教师通过问题补充讲述词作的创作背景：为什么此时的岳飞不再意气风发，而是情绪有些低沉？那就要来了解一下这首词的创作背景。岳飞十二岁便随父从军，投身抗金战场。十几年的抗战中，他智勇双全、屡立战功。宋绍兴七年（1137年），他连续指挥军队收复黄河以南大片国土，并准备大举收复中原，北上灭金。宋高宗赵构、秦桧却一意求和，下令退兵。大好的抗金复国形势，眼看就要付诸东流了。当时的岳飞内心极度郁闷，对猖獗的投降派极度愤慨，身为朝臣又无可奈何。夜深人静时，岳飞在元帅帐内独自写下了这首《小重山（昨夜寒蛩不住鸣）》。

（2）悟情。

品读上片：上片开头两句写秋夜梦回，意境含蓄而深沉。在这个深秋的夜晚，岳飞在梦中回到了阔别已久的千里之外的故乡，满怀激动、喜悦，可是梦醒后面对的却是离家千里、有家无法回的境况。这反映了理想和现实之间的巨大落差。那么结合岳飞的梦境，你们觉得这首词写出了他什么样的心情呢？

①学生通过朗读，体会作者对家乡的思念。

②教师引导：从“独自”“悄悄”这些词语中你能体会到什么呢？再读一读这首词，读出作者内心的孤寂。

③全班朗读上片。

理解下片：岳飞自二十岁从军，为保家卫国，已多年未回家乡。此时岳飞的头发已白，家乡的松竹也老了，中原故土被占领，归期遥遥无望。后一句“欲将心事付瑶琴”中的“心事”是什么？为什么不能和周围的人述说，而要寄托在瑶琴上呢？

（小组讨论，汇报。如果学生理解有困难，教师可以适当引导。）

①指导朗读最后两句：后两句借用了什么典故？这个典故又说了什么呢？（教师可适当引导，提示学生后两句和瑶琴有关，或者说出人名以做提示。）

②理解作者情感：作者遭遇了什么？所以他的内心充满了什么情感？（痛苦、苦闷、忧愤。意思相近即可。）

③指导诵读：岳飞壮志难酬，内心忧愤，带着这种心情一起来读一读词的下片。（带读，个别读，全班齐读。）

④整体配乐读：走进岳飞的内心，读出岳飞的心声。

学生齐读整首词。（配乐朗读。）

（四）背诵填词

1. 背诵第一小节。

同学们，今天我们多掌握了一种词牌“小重山”，进入了岳飞丰富的情感世界，现在让我们试着背诵第一小节吧。

2. 选文填词。

下面老师考考你们，下面这四句连起来，就是一首《小重山·春愁》的上片，请根据平仄和押韵选择最正确的选项。

（1）荼蘼花谢，春天彻底结束了。改成七字句，哪句最合适？（ C ）

A. 荼蘼花谢春事休。　　B. 荼蘼已谢春已结。

C. 谢了荼蘼春事休。　　D. 谢了荼蘼春已结。

（2）荼蘼花将谢未谢，已经不多了，残花挂在枝头。改成53句式，哪句最合适？（ B ）

A. 花不多未谢，挂枝头。　　　B. 无多花片子，缀枝头。

C. 无多花片子，挂枝头。　　　D. 无多荼蘼花，缀枝头。

（3）一阵风吹来，庭院里的槐树的影子都被打碎。改成七字句，哪句最合适？（ D ）

A. 风吹来庭槐影碎。　　　B. 庭槐影碎风吹来。

C. 被风吹庭槐影碎。　　　D. 庭槐影碎被风揉。

（4）莺已经老了，可是它的声音却还很娇羞。改成35句式，哪句最合适？（ C ）

A. 莺已老，声却还娇羞。　　　B. 莺已老，声尚带娇羞。

C. 莺虽老，声尚带娇羞。　　　D. 莺虽老，声却还娇羞。

出示正确词文：

上片：谢了荼蘼春事休。无多花片子，缀枝头。庭槐影碎被风揉。莺虽老，声尚带娇羞。

下片：独自倚妆楼。一川烟草浪，衬云浮。不如归去下帘钩。心儿小，难着许多愁。

五、知识链接

满江红

〔南宋〕岳飞

怒发冲冠，凭栏处、潇潇雨歇。抬望眼，仰天长啸，壮怀激烈。三十功名尘与土，八千里路云和月。莫等闲、白了少年头，空悲切。

靖康耻，犹未雪；臣子恨，何时灭！驾长车，踏破贺兰山缺。壮志饥餐胡虏肉，笑谈渴饮匈奴血。待从头，收拾旧山河，朝天阙。

此词上片抒写岳飞对中原重陷敌手的悲愤，对局势前功尽弃的痛惜，表达了岳飞继续努力争取壮年立功的心愿；下片抒写岳飞对敌人的深仇大恨，对收复山河的渴望，对朝廷的赤胆忠诚。全词情调激昂，慷慨壮烈，显示出一种浩然正气和英雄气概，表现了岳飞报国立功的信心和乐观主义精神。

第十九课　上西平·送陈舍人

一、教学目标

1. 熟读成诵，能利用归纳法初步感知词牌“上西平”的格律特点。选择自己喜欢的句子背诵。

2. 借助注释、译文读懂词意，能在反复诵读中感悟作者的豪气和壮志。

3. 能在诵读和赏析中，初步感受作者借送别友人巧妙抒发情感的写法。

二、教材解读

（一）原文

上西平·送陈舍人

〔南宋〕吴泳

跨征鞍，横战槊，上襄州。便匹马、蹴踏高秋。芙蓉未折，笛声吹起塞云愁。男儿若欲树功名，须向前头。

风雏寒，龙骨朽，蛟渚暗，鹿门幽。阅人物、渺渺如沤。棋头已动，也须高著局心筹。莫将一片广长舌，博取封侯。

（二）原文解析

《上西平·送陈舍人》是南宋词人吴泳所写的一首词，于其送友人去襄州上任时所作。此词作于宋嘉定十四年（1221年），当时宋金之间战事不断，局势尤为紧张，祸患频仍。此时陈舍人为京湖安抚使，即将赴襄州任所，于是作者赋此词相赠，对友人进行慰勉。上片从正面描绘陈舍人奔赴襄州跨鞍横槊的英姿，落笔传神。下片抒写的是作者对朋友的厚望。词意淋漓痛快，词锋振拔，气雄而调雅。

上片头三句，直写陈舍人赴襄州上任。值得注意的是，把“跨征鞍，横战槊”放在开头，不难看出这是一个“横槊立马”的出征形象。尤其两句中各用“征”“战”分别形容“鞍”“槊”，制造了十分强烈的战斗气氛。陈舍人赴襄州任所，就带有上前线的意味。这也是作者对友人的鼓励和祝愿。因此，接下来的“便匹马、蹴踏高秋”预祝对方在秋高气爽、草长马肥之时驰骋疆场，打击敌人。这几句把陈舍人驰骋疆场的英姿描绘得十分鲜明、突出。“芙蓉未折，笛声吹起塞云愁”进一步说明陈舍人赴襄州上任及作者鼓励他的原因，就是敌人骚扰、边塞吃紧。这里用“芙蓉未折”点明是荷花还没有衰败的时候。“塞云”是不会愁的，这里是用拟人的手法表现战局的紧张、敌人的骚扰带来的危急形势。结尾二句与开头呼应，用直接的语气鼓励陈舍人：国家危难之际，正是男儿杀敌报国、建功立业的好时机。

下片头四个三字短句，叙写襄州历史上的著名人物。一方面表明襄州是大有作为的去处，出现过不少著名人物。另一方面表明那已成为历史陈迹：庞统、诸葛亮去世已久，尸骨已朽；蛟渚、鹿门等遗迹也已破败衰颓，不似当年了。对四位历史人物的写法，前两人直写名号，后两人以遗迹指代，笔法错杂多变。“阅人物、渺渺如沤”轻轻一结。总之，历史人物已成为过去，像水泡一样消逝了。“渺渺如沤”，比喻新颖生动。言外之意：现在就要靠你大显身手了。“棋头已动，也须高著局心筹”，遥接上片“芙蓉未折，笛声吹起塞云愁”二句，是说既然战争已开始，那就要有高明的招数去对付敌人，使之不得乱动。尾句语重心长，谆谆叮嘱：不要学那些靠巧言令色爬上高位的人。言外之意在于讽刺那些鼓吹议和、苟且偷安者。

全词风格遒劲，语言恳切、朴实，没有离别的伤感，而是洋溢着一种男子汉干一番事业的豪气和壮志，尤其下片结尾，是有意义的警句。

三、教学建议

（一）知晓格律

在前面所学的基础上，出示简单的有关格律的题目让学生分小组讨论完成，形成答案后按小组汇报，相机指导解答。

引导学生看句数、字数和句式，观察平仄和押韵。在学生通过对这首词的学习观察发现了词的格律特点、有了具象的认识后，教师再引导学生做简练的总结：“篇有定句，句有定字，字有定声。”

（二）诵读入韵

在教学时，可以先引导学生通过读字词（正音）——读得圆润饱满；读句——读出节奏，读出平仄；读上下片——读出韵律；读整首词——配乐读出情感变化。这样层层递进、层层深入，通过不同层次的读，把词读透，读出初步的节奏美、音韵美、格律美。

（三）悟情品境

在词句的理解上，让学生通过词句与译文对照读、组内互读等初步理解意思。接着通过抓住一些具体的物象，如“跨征鞍，横战槊”“笛声吹起塞云愁”等，让学生想象词中描写的画面，也可以再现当时的场景，以小组为单位让学生演一演送别的场景，品味当时作者的心境。

四、教学设计示例

（一）渲染导入

古人言：诗以言志，词以达情。词一直以其长短结合、平仄相谐、音韵回旋的格律形式，倾诉出作者的悲欢离合与凌云壮志。今天我们就一起学习《上西平·送陈舍人》，带上联想与思考，一同在这平仄起伏的回响中，感受词的格律，重温作者的情怀。

（二）初读识韵

1.初读正音。

（1）出示本课的学习目标。

（2）出示词句：“跨征鞍，横战槊，上襄州。”请学生认认真真地读两遍，要求第一遍读准字音，第二遍读通读顺。

（3）个别读，注意读音正确。（正音：槊、襄）

（4）学生先齐读一遍，教师再带读一遍。

（5）全班齐读。

2.读出节奏。

教师引导：词可以配上音乐唱，音乐之所以悦耳动听是因为曲子的起伏变化，因此我们在读词的时候也要读出跌宕起伏、抑扬顿挫之感。那么我们在朗读的时候首先就要注意处理好停顿，我们一起来试一试。

（1）出示例句："芙蓉未折，笛声吹起塞云愁。男儿若欲树功名，须向前头。"请学生试读。

（2）教师示范读，再让学生跟读，做到声断气连。

（3）请全班齐读。

（4）标一标整首词的节奏，请学生上台朗读。（注意要声断气连。）

（5）教师出示整首词的节奏，全班齐读。

3. 读出轻重。

（1）同学们读古代的诗词，要读得抑扬顿挫。我们不但要把它读正确，读得有节奏，而且还要尽可能读出它的轻重变化。（请一名学生试读，让其他学生评一评。）

（2）教师范读，让学生发现教师在读音的轻重处理上有什么规律。学生交流。

（3）总结读诗词时常用的平长仄短的读法，平声字读得轻而缓，仄声字读得重而急。

（4）学生按照平长仄短的读法来试读。两个小组读上片，两个小组读下片。

4. 读出韵味。

（1）指名回答：我们知道，诗词之所以充满音韵美，是因为它押韵。大家找找，这首词里面哪些字是韵脚字呢？（学生边说，教师边出示韵脚字。）

（2）引导发现：看看这些韵脚字，都是什么声调？（平声。）

（3）指导朗读：古人读词，韵脚字要读得沉而略长。（请学生读。）

（三）悟情品境

1. 自主理解词意：同学们读得真是音韵回旋、余音袅袅，词读到这里为止，它的意思你们是不是了解了呢？请同学们对照译文，看看这首词说了什么？（同学两两合作。）

2.交流引导：读上片，你的脑海里仿佛出现了怎样的画面？谁来说一说？

3.感悟人物：此时作者的友人身在何处？此时环境如何？从哪里可以看出来？

4.每个小组选出两名同学，把当时送别的场景演一演，注意抓住重点物像，结合词句，想象当时作者和友人送别的话语，改编为剧本表演。

总结：

词中抒写的并不是一般的离愁别恨，而是一种壮别。结合当时宋金对峙、金人侵扰的严重局势，下片结合襄州历史上的著名人物，对友人做了一番勉励，希望他努力向前、杀敌报国、建功立业。当然，这也是作者自己的抱负和志向。

5.配乐朗读，指导背诵第一小节。

五、知识链接

吴　泳

吴泳（约1224年前后在世），字叔永，潼川人。生卒年均不详。宋嘉定元年（1208年）第进士。应诏上书，颇切时要。累迁吏部侍郎兼直学士院，上疏言谨政体、正道揆、厉臣节、综军务四事。后进宝章阁学士，知温州，以言罢。著有《鹤林集》四十卷、《四库总目》行于世。

上西平

词牌“上西平”一般指“金人捧露盘”，又名“金人捧玉盘”“铜人捧露盘”“铜人捧露盘引”“上丹霄”“上西平曲”

“西平曲”“天宁乐”“凌歊”“上平曲”“上平南”“芦花雪”。以高观国《金人捧露盘·梅花》为正体，双调七十九字，上片八句五平韵，下片九句四平韵。

第二十课　青玉案·元夕

一、教学目标

1. 熟读课文，能运用气息，按情感表达的需要，轻重缓急地进行诵读，在诵读的过程中体会词韵，背诵全文。

2. 观察该词的句式与押韵，找出“青玉案”这一词牌的句式押韵规律。

3. 结合译文再读课文，理解课文所表达的画面与意境，体会作者妙手铺排、渲染气氛的笔法，理解作者当时的心境。

二、教材解读

（一）原文

青玉案·元夕

〔南宋〕辛弃疾

东风夜放花千树，更吹落，星如雨。宝马雕车香满路。凤箫声动，玉壶光转，一夜鱼龙舞。

蛾儿雪柳黄金缕，笑语盈盈暗香去。众里寻他千百度。蓦然回首，那人却在，灯火阑珊处。

（二）原文解析

此词从极力渲染元宵节绚丽多彩的热闹场面入手，反衬出一个孤高淡泊、超尘拔俗、不同于金翠脂粉的女性形象，寄托着作者政治失意后不愿与世俗同流合污的孤高品格。全词采用对比手法，上片写花灯耀眼、乐声盈耳的元夕盛况，下片着意描写作者在人群之中寻觅一位立于灯火零落处的孤高女子。全词构思精妙、语言精致、含蓄婉转、余味无穷。

这首词的上片写元宵之夜的盛况。

“东风夜放花千树，更吹落，星如雨”：一簇簇的礼花飞向天空，然后像星雨一样散落下来。一开始就把人带进“火树银花”的节日狂欢之中。

“宝马雕车香满路”：达官显贵携带家眷出门观灯。跟下句的“鱼龙舞”构成万民同欢的景象。

“凤箫声动，玉壶光转，一夜鱼龙舞”：“凤箫”是排箫一类的吹奏乐器，这里泛指音乐；“玉壶”指明月；“鱼龙”是灯笼的形状。这句是说，在月华下灯火辉煌，沉浸在节日里的人通宵达旦地载歌载舞。

下片仍然在写元夕的欢乐，只不过上片写的是整个场面，下片写的是一个具体的人，通过他一波三折的感情起伏，把个人的欢乐自然地融进了节日的欢乐之中。

“蛾儿雪柳黄金缕，笑语盈盈暗香去”：这一句写的是元宵观灯的女人，她们穿着美丽的衣服，戴着漂亮的首饰，欢天喜地朝前奔去，所过之处，阵阵暗香随风飘来。“雪柳”是玉簪之类的头饰。

“众里寻他千百度”：（作者）对着众多走过的女人一一辨认（但没有一个是他所等待的意中人）。

“蓦然回首，那人却在，灯火阑珊处”：（作者）偶一回头，却发现自己的意中人站立在灯火零落稀疏之处。

“灯火阑珊”虽然是指灯火零落稀疏的样子，但这里说的是从天空飘洒下来的烟花，快接近地面时早已熄灭散尽，所以即使头上有流光溢彩，站立的地方却是昏暗的。

这首词大家耳熟能详，特别是最后一句“蓦然回首，那人却在，灯火阑珊处”已是久吟不衰的名句。整首词在最精彩的地方戛然而止，却给读者留下无比广阔的想象空间。经过等待、寻找、焦灼、失望之后再突然发现自己的意中人原来就在身后，有一种从天而降的惊喜。

词的上片渲染元宵节一片热闹的盛况：东风还未催开百花，却先吹开了元宵节的火树银花。它不但吹开地上的灯花，而且吹落了天上如雨的彩星——燃放的烟火先冲上云霄，而后自空中而落，好似星雨。“花千树”描绘五光十色的彩灯缀满街巷，好像一夜之间被春风吹开的千树繁花一样，这是化用唐朝诗人岑参的“忽如一夜春风来，千树万树梨花开”。然后写车马、鼓乐、灯月交辉的人间仙境，写那民间艺人们载歌载舞、鱼龙漫衍的“社火”百戏，极为繁华热闹，令人目不暇接。其间的“宝”“雕”“凤”“玉”等字，是为了以那元宵的气氛来写境传神，大概那境界本非笔墨所能撰写的，幸亏还有这些美好的字眼聊为助意。这也是对词中的女主人公的言外赞美之意。

下片专门写人。作者先从头上写起：这些游女们，一个个雾鬓云鬟，戴满了亮丽的蛾儿、雪柳、黄金缕。这些盛装的游女们在行走过程中不停地说笑，在她们走后，只有衣香还在暗中飘散。这些游女都非作者意中关切之人，作者在人群中千百次寻她皆不见，漫不经心地一回头，却猛然发现她正在灯火零落稀疏之处。那上片的灯、月、烟火、笙笛、社舞交织成的元夕欢腾，那下片的让人眼花缭乱的盛装女子，原来都只是为了那一个意中人而设，倘若无此人，这一切就没有任何意义与趣味。

还有一种说法认为：站在灯火阑珊处的那个人，是辛弃疾自己的一种写照。根据历史背景可知，当时的他不受重用，文韬武略施展不了，心中怀着一种无比惆怅之感，所以只能在一旁孤芳自赏。他就像站在热闹氛围之外的那个意中人一样，给人一种孤高的感觉，体现了他受冷落后不肯同流合污的高士之风。

在结构上，此词也有其妙处。上片临末，已出“一夜”二字，这是为“寻他千百度”做铺垫，所以下片道出“灯火阑珊”，前后遥应，可见作者笔墨之细、文心之苦。

三、教学建议

（一）走近作者

教师从元宵节的传说引入，吸引学生的注意力，顺势切入这首词。古人是怎么过元宵的呢？我们今天就来学习南宋伟大词人辛弃疾的一首以元夕为题目的词——《青玉案·元夕》。然后，教师从词题转到作者。知其人论其诗，要想比较清楚地理解这首词，就要先了解作者辛弃疾，现在让我们来回忆一下辛弃疾的生平经历。

（二）诵读入韵

对辛弃疾有了一个比较详尽的了解后，教师先带学生初步看题目，明白“青玉案”是词牌，“元夕”是题目。

课前经过预习，学生已基本能正确地朗读该词，教师先让学生齐读，要求读得流利整齐，然后引导学生重点练读最后四句：“众里寻他千百度。蓦然回首，那人却在，灯火阑珊处。”

教师通过带读、引读，指导学生读出节奏和情感，再引导学生总结归纳词牌格律。根据词的平仄和押韵，指导学生重点练读最后四句，通过个人、小组、集体朗诵等，让学生读得字正腔圆、读出节奏、读出韵律。最后配乐朗诵，把情感融入其中。

（三）理解品味

先让学生熟读词文内容和注释译文，对这首词进行整体把握，引导学生思考讨论。

如：这首词中作者写了元宵佳节的哪些景物？（词的上片写了元宵节这一天的热闹场面。有满街的灯火和灿烂的烟花。灯火就像千树花开一样，烟花就像是雨一样落下。下片作者还写了宝马雕车、有人吹着凤箫，还有舞鱼舞龙等热闹的场面。）

教师还可结合词的创作背景分析，引导学生深入思考作者的情感。

四、教学设计示例

（一）故事导入

1.教师讲述元宵节的传说。

传说在很久以前，有一只来自天庭的神鸟因为迷路而降落人间，却被不知情的猎人射死了。天帝知道后十分生气，就下令天兵在农历正月十五这天到人间放火，准备把人类通通烧死。天帝的女儿不忍心看到凡间的百姓无辜受难，就冒着生命危险，把这个消息告诉人们。大家听说了这件事，都吓得不知该如何是好。终于，有个老人想到一个好办法，他说：“在农历正月十五这一天，每户人家都挂起红灯笼、点爆竹、放烟花。这样一来，天帝就会以为人间四处起火，人们都被烧死了。”大家听了都非常赞同，于是便分头去准备。到了农历正月十五这天晚上，天兵往下一看，发觉人间一片红光，以为是大火燃烧，就禀告天帝不用下凡放火了，人们因此保住了生命及财产。后来为了纪念这个日子，每到农历正月十五日，家家户户都悬挂灯笼、放烟花等来庆祝。

2. 由传说引入元宵节的庆祝活动，如放烟花、挂灯笼、点爆竹、猜灯谜等，接着过渡到课题。

（二）了解作者

教师引导：知其人论其词，要想更深入地理解这首词，就要先了解作者。请同学们互相交流一下对辛弃疾的认识。

学生交流后，教师用课件展示作者简介。

关键词提示：济南二安、苏辛、豪放沉郁。

（三）诵读入韵

1. 了解词题：“青玉案”是什么，“元夕”又是什么？

2. 自由读词。

从题目中我们可以得知作者在写元宵节，那么作者仅仅是为了描写元宵佳节吗？接下来就请同学们齐诵。正所谓：读书百遍，其义自现。

3. 抓词眼读。

同学们觉得词中哪些句子是点睛之笔呢？有节奏地读出来。（注意读出平长仄短、情感起伏和抑扬顿挫。）

引导学生找到“众里寻他千百度。蓦然回首，那人却在，灯火阑珊处”。

教师引读、带读，学生练读、展示读。

4. 指导学生归纳格律。

（1）出示课文，引导学生归纳格律。

青玉案：词牌名。双调六十七字，上片七句下片六句、四仄韵。

上片：7337445（七句，三十三字，第一、三、四、七句句末押韵）。

下片：777445（六句，三十四字，第一、二、三、六句句末押韵）。

（2）根据平仄规律，指导学生集体朗诵，要求读得字正腔圆，读出节奏，读出韵律。

（四）理解品味

学生对这首词有了初步的理解后，结合注解思考讨论以下问题：

1.用课件出示问题：元宵之夜，必有灿烂之景。辛弃疾是如何描写这灯火辉煌、万人狂欢的元宵盛况的？请默读上片，找出作者写了哪些景物。

2.概括作者笔下描写的这个热闹非常的元宵节盛况，并指导学生诵读。

3.结合背景：强敌压境，国势日衰，南宋统治者却在南方过着纸醉金迷的生活。那么作者此时在做什么呢？作者有没有沉浸在这一片欢腾热闹的气氛之中？

（寻找心中那个不同流合污的独特的“他”。）

4.用课件出示问题：诗歌最后四句可谓点睛之笔，作者极力地表现出寻找“那人”的过程，来抚慰心中的失落，令人读来有了一丝欣喜和安慰。那么，请问作者寻找的是什么人？那个人有着怎样的形象？

5.用课件展示主人公形象。

教师小结：全词用对比和反衬的手法，烘云托月地推出一个超俗的女子形象——孤高幽独、淡泊自恃、自甘寂寞、不同流俗。这不正是作者自己的写照吗?

五、教学资源链接

辛弃疾

辛弃疾（1140—1207），南宋词人。字幼安，号稼轩，历城（今山东济南）人。二十一岁参加抗金义军，不久即归南宋。曾在湖北、江西、湖南、福建等地做官。四十二岁遭谗落职，退居江西信州，长达二十年之久，其间一度被起用为福建提点刑狱、福建安抚使。六十四岁再被起用为浙东安抚使，次年任京口（今江苏镇江）知府，不久罢归。一生力主抗金北伐，并提出有关方略《美芹十论》等，均未被采纳。其词热情洋溢、慷慨激昂，富有爱国感情。有《稼轩长短句》。今人邓广铭辑有《辛弃疾诗文抄存》。

第二十一课　永遇乐·京口北固亭怀古

一、教学目标

1. 熟读课文，归纳词牌“永遇乐”的格律特点，选择自己喜欢的句子背诵。

2. 以读代析，结合译文在朗读中体味《永遇乐·京口北固亭怀古》的基调，感受作者的爱国主义情怀和词中的悲凉意境。

3. 了解《永遇乐·京口北固亭怀古》中的典故。

二、教材解读

（一）原文

永遇乐·京口北固亭怀古

〔南宋〕辛弃疾

千古江山，英雄无觅孙仲谋处。舞榭歌台，风流总被雨打风吹去。斜阳草树，寻常巷陌，人道寄奴曾住。想当年，金戈铁马，气吞万里如虎。

元嘉草草，封狼居胥，赢得仓皇北顾。四十三年，望中犹记，烽火扬州路。可堪回首，佛狸祠下，一片神鸦社鼓。凭谁问：廉颇老矣，尚能饭否？

（二）原文解析

本词写于宋开禧元年（1205年），时年辛弃疾六十六岁。当时韩侂胄执政，正积极筹划北伐，赋闲已久的辛弃疾于1203年被起用为浙东安抚使，1204年春，又受命担任京口知府，戍守江防要地京口。从表面看来，朝廷对他似乎很重视，然而实际上只不过是利用他那主战派元老的招牌做号召而已。辛弃疾到任后，一方面积极布置军事进攻的准备工作；另一方面，他清楚地意识到政治斗争的险恶和自身处境的孤危，深感很难有所作为。辛弃疾支持北伐抗金的决策，但是对独揽朝政的韩侂胄轻敌冒进的做法又感到忧心忡忡。他认为应当做好充分准备，绝不能草率行事，否则难免重蹈覆辙，使北伐再次失败。辛弃疾的意见没有引起南宋当权者的重视，他来到京口北固亭，登高眺望，怀古忆昔，心潮澎湃、感慨万千，于是写下了这篇词中佳作。

词以“京口北固亭怀古”为题。京口是三国时吴国孙权设置的重镇，也是南朝宋武帝刘裕生长的地方，词正是从这里着笔的。

上片怀古抒情。第一句中“千古”是时代感，照应题目“怀古”；“江山”是现实感，照应题目中的“京口北固亭”。作者站在北固亭上瞭望眼前的一片江山，脑子里一一闪过千百年来曾经在这片土地上叱咤风云的英雄人物。他首先想到三国时吴国的皇帝孙权，他有着统一中原的雄心壮志，在迁都建业以前，于汉建安十三年（208年）先在京口建“京城”，作为新都城的屏障，并且打垮了来自北方的曹操的军队，保卫了吴国。可是如今，像孙权这样的英雄已无处寻觅了。

作者起笔便抒发江山依旧、英雄不再、后继无人的感慨。而后的“舞榭歌台，风流总被雨打风吹去”在上句的基础上推进一层：非但再也找不到孙权这样的英雄人物，而且连他当年修建的“舞榭歌台”、那些反映他光辉功业的遗物，也都“被雨打风吹去”，杳无踪迹了。

接下来三句写眼前景，作者联想起与京口有关的第二个历史人物刘裕。作者写孙权，先想到他的功业再寻觅他的遗迹；写刘裕，则由他的遗迹再联想起他的功业，然后在最后三句回忆刘裕的功业。刘裕以京口为基地，平定了内乱，取代了东晋政权。他曾两度挥戈北伐，先后灭掉南燕、后秦，收复洛阳、长安，几乎可以克复中原，作者想到刘裕的功勋，非常钦佩。

最后三句，表达了作者对英雄的无限景仰。英雄人物留给后人的印象是深刻的，可是像刘裕这样的英雄，与他相关的历史遗迹，如今也是同样找不到了，只余“斜阳草树，寻常巷陌”。

词的上片借古意以抒今情，还比较轩豁呈露。在下片里，作者通过典故所揭示的历史意义和对现实的感慨，就更加意深而味隐了。

“元嘉草草，封狼居胥，赢得仓皇北顾”三句，用古事影射现实，尖锐地总结历史教训。南朝宋文帝刘义隆“自践位以来，有恢复河南之志”。他曾三次北伐，都没有成功，特别是南朝元嘉二十七年（450年）北伐大败。用兵之前，他听取彭城太守王玄谟所陈北伐之策，非常激动，说：“闻玄谟陈说，使人有封狼居胥意。”“有封狼居胥意”谓有北伐必胜的信心。当时分踞在北方的北魏，并非无机可乘；对比南北军事实力，北方也并不占优势。若能妥为筹划，虑而后动，是能打胜仗并收复部分失地的。但宋文帝急于事功，轻启兵端。结果不仅没有得到预期的胜利，反而招致北魏拓跋焘大举南侵，使得南朝国势一蹶不振。这一历史事实是发人深省的。作者援用古事近事影射现实，尖锐地提醒南宋统治者吸取前人的历史教训。

从“四十三年，望中犹记，烽火扬州路”开始，词由怀古转入伤今，作者联想到自己和当时的抗金形势抒发感慨。作者回忆四十三年前北方人民反抗外族统治的斗争此起彼伏、如火如荼，自己也在战火弥漫的扬州以北地区参加抗金斗争。后来渡淮南归，原想凭借国力恢复中原，不期南宋朝廷昏聩无能，使他英雄无用武之地。如今他自己已成了老人，而壮志依然难酬。辛弃疾追思往事，不禁感慨万分。

后三句中的“回首”应接上句，由回忆往昔转入写眼前实景。这里值得探讨的是，佛狸（拓跋焘的小字）是北魏的皇帝，距南宋已有七八百年之久，北方的百姓把他当作神来供奉，辛弃疾看到这个情景，不忍回首当年的“烽火扬州路”。四十三年前，完颜亮发兵南侵，曾以扬州作为渡江基地，而且也曾驻扎在佛狸祠所在的瓜步山上，严督金兵抢渡长江。以古喻今，佛狸很自然地就成了完颜亮的影子。如今“佛狸祠下，一片神鸦社鼓”与曾经“四十三年，望中犹记，烽火扬州路”形成鲜明的对比，当年南宋的人民与外族势力进行不屈不挠的斗争，烽烟四起，但如今的中原早已风平浪静，人民已经安于外族的统治。不忍回首往事，实际就是不忍目睹眼前的事实。作者以此正告南宋统治者，收复失土刻不容缓，如果继续拖延，民心日去，中原就收不回了。

最后作者以廉颇自比，这个典用得很贴切，内涵非常丰富：一是表明决心。作者和赵国大将廉颇一样，对朝廷忠心耿耿，只要被起用，必奋勇争先，随时奔赴疆场，抗金杀敌。二是显示能力。作者虽然年老，但仍然和当年廉颇一样，老当益壮，勇武不减，可以充任北伐主帅。三是抒写忧虑。廉颇曾为赵国立下赫赫战功，可为奸人所害，落得离乡背井，虽愿为国效劳，却是报国无门。作者以廉颇自况，忧心自己有可能重蹈覆辙，被朝廷弃而不用、用而不信，才能无法施展，壮志不能实现。辛弃疾的忧虑不是空穴来风，果然韩侂胄一伙人不采纳他的意见，对他疑忌不满，在北伐前夕，以“用人不当”为名免去了他的官职。辛弃疾渴盼为国出力的愿望又一次落空。

这首词中用典多，且这些典故用得恰到好处，它们所起的作用，不是直接叙述和描写所能实现的，就这首词而论，用典多正体现了辛弃疾在语言艺术上的特殊成就。全词豪壮悲凉、义重情深，散发着爱国主义的思想光辉。词中用典贴切自然，紧扣题旨，增强了作品的说服力和意境美。

三、教学建议

（一）从背景走近作者

这是一篇怀古佳作，理解其义一定要了解当时的历史背景。辛弃疾一生致力于抗金、收复中原，但不被统治者重用；写此词时辛弃疾已六十六岁，在京口任知府。统治阶级偏安江南，统治集团内部分为主战派、主和派两派，宰相韩侂胄为巩固自己的个人地位急于北伐。

这首词中出现了五个典故。前面两个是赞叹三国的孙权和南朝宋武帝刘裕所取得的历史成就，表明了作者主张北伐。后三个是借用历史典故来说意，借古讽今，表达了作者对草率出兵的担忧、对朝廷安于现状的担忧、对自己不受重用的悲愤。作者无法直接表达的不满与忧愤隐含其中，在教学时，教师有必要穿插历史故事进行解说，比如“寄奴成功北伐”“元嘉仓皇北顾”“廉颇忠勇遭弃”等，既能让学生多方位地了解中国历史，也能帮助学生更好地读懂作者的内心情感。

（二）从诵读感知作者情感

一读读得字正腔圆。

在学生课前预习的基础上，再巩固字词的发音方法，齐读后，再多层面指名读，抓住重点指导学生读得字正腔圆。特别注意“寄奴（jì nú）”“佛狸（bì lí）”的读音。

二读读出节奏，声断气连。

以上片为例，引导断句、标出节奏。特别注意“孙仲谋/处”“封/狼居胥”的节奏划分。在读出节奏后用男女赛读、小组赛读等形式要求学生读流利。

三读读出音韵之妙。

在结合前面所学的基础上，让学生自己归纳“永遇乐”这一词牌的格律特点。

第一段有几句，每句分别是多少字？

(共十句，句式分别为：4849446346，共五十二字。)

第二段有几句，每句分别是多少字？

(共十二句，句式分别为：446445446344，共五十二字。)

再引导学生学习这首词的平仄押韵规律。

仄仄平平，平平仄仄平仄平仄。仄仄平平，平平仄仄仄仄平平仄。平平仄仄，平平仄仄，平仄仄平平仄。仄平平，平平仄仄，仄平仄仄平仄。

平平仄仄，平平平仄，仄仄平平仄仄。仄仄平平，平平仄仄，仄仄平平仄。仄平平仄，平平仄仄，仄仄平平平仄。平平仄，平平仄仄，仄平仄仄。

归纳出这首词的上片在第二、四、七、十句押“u”韵，下片在第三、六、九、十二句押“u”韵，为四仄韵，为双调一百零四字，上片十句，下片十二句。

再引导学生读出平仄和音韵美。读时要平长仄短、讲究情感起伏、韵脚拉长，最后配乐读。

（三）从词句读懂作者

在词句的理解上，只要求学生有一种大体、模糊的感知即可，所以，在教学中，教师利用多媒体技术，将视觉、听觉与语言文字有效结合，构建良好的动态化情境。比如：出示辛弃疾站在京口北固亭的图画，穿插背景叙述，或播放文章中出现的历史典故的视频，帮助学生理解。最后再让学生对照译文了解意思。

要求学生在感受作者的情感时重点抓住文章中的五个典故，让学生分小组汇报对文章的理解。在学生完成汇报后，教师再引导学生说说作者当时的心境。

四、教学设计示例

（一）回顾导入

1. 指名背诵：前段时间，我们学习了《桂枝香·金陵怀古》，有哪位同学能够背诵其中的句子？

2. 教师引导：这首词是辛弃疾登上北固亭后所作，他当时到底看到了什么，想到了什么？今天，让我们大家一起学习他的《永遇乐·京口北固亭怀古》。

3. 读题解题：读后请说说《永遇乐·京口北固亭怀古》中的圆点的前后分别是词的什么？说完后再齐读。

（二）作者简介和创作背景

用PPT展示作者的简介及这首词的创作背景。

作者简介：辛弃疾一生致力于抗金、收复中原，但不被统治者重用；写此词时辛弃疾已六十六岁，在京口任知府。

背景：统治阶级偏安江南，统治集团内部分为主战派和主和派两派；宰相韩侂胄为巩固自己的地位急于北伐。

（三）诵读感知，归纳格律

1. 检测自读情况——读得字正腔圆。

读正确：同学们课前已经自读了，现在大家再来齐读一遍，看看自己能不能把生难字读准，能不能把音读得圆润饱满。齐读后，再多层面指名读。（抓住重点词句进行朗读指导。）

2. 读出节奏，声断气连。

（1）以上片为例，引导断句，标出节奏，

（2）读流利：还能加快速度读吗？男女赛读、小组赛读。

3. 引导归纳格律——读出音韵之妙。

（1）请默读课文，并根据词句做个数学题：

第一段有几句，每句分别是多少字，请接着填写完整：

共十句，句式分别为444445446346，共五十二字。

第二段有几句，每句分别是多少字，请接着填写完整：

共十二句，句式分别为446445446344，共五十二字。

（2）了解这首词的押韵规律。

（3）总结：在哪句句末押韵以及每个字的平仄都是有规定的——双调一百零四字，上片十句，下片十二句，四仄韵。

（4）引导学生读出平仄和音韵美。平长仄短，情感起伏，韵脚拉长。最后配乐读，读出情感的基调。

（四）会意悟情

1. 男女生对句，全部男生诵读词，全部女生诵读译文，初步了解词的大概含义。

2. 默读全词，自主学习，请学生结合课后注释，看作者都怀想了哪些古人（典故），表达了什么情感。合作探究，小组讨论完成下表。

词句	人物	事件	作用
英雄无觅孙仲谋处	孙权	京口，抗击侵略，建立伟业	赞叹英雄，表达很想抗金的意愿，惋惜统治者偏安江南
人道寄奴曾住	刘裕	京口，两度北伐收复中原，气势如虎	赞叹与惋惜，主张北伐
元嘉草草，封狼居胥，赢得仓皇北顾	刘义隆	京口，草率出兵，兵败	借古讽今，其实在劝说宰相不要草率出兵
佛狸祠下，一片神鸦社鼓	拓跋焘	长江北岸瓜步山击败宋文帝，沦陷区人民安于外族的统治	沦陷区人民忘了国耻，忘了收复中原，今昔对照，不堪回首，担忧国运
廉颇老矣，尚能饭否	廉颇	报国无门，虽老仍不忘报国	廉颇终不被重用，作者满腔热情，也不被重用，表达了作者的悲愤之情

3. 学生借助注释讨论汇报。

（五）总结梳理

1. 总结：这首词运用借古讽今的手法，对孙权、刘裕的赞扬就是对南宋统治者的指责，慨叹英雄难觅；对刘义隆的讽刺，就是对韩侂胄草率冒进的警告；对佛狸祠不复存在的感叹，就是对统治者不思收复中原的不满以及对大家安于现状的担忧；最后作者以廉颇自比，抒发自己报国无门、壮志难酬的悲愤之情：这既是一首怀古之作，也是一首伤今之作。

2.请学生交流：这首词最打动你的是什么？和组内的同学交流一下。

3.请学生背诵：选择自己最喜欢的诗句背诵下来。

五、教学资源链接

孙权坐断江南

“千古江山，英雄无觅孙仲谋处”这句用了孙权的典故。这是一个倒装句，正常顺序应是“无处觅英雄孙仲谋”。孙权确实是一个英雄，他的对手曹操曾赞美他：“生子当如孙仲谋。”三国时京口是孙权的地盘，当年的东吴与南宋王朝很类似，同样位于东南一隅，同样面对强大的入侵之敌。孙权北拒曹操，赵宋王朝却偏安临安。辛弃疾在这首词中借对孙权的赞叹，表达对南宋统治集团的不满及其收复中原的愿望。

寄奴成功北伐

东晋自偏安以来，时时面临着来自北方的威胁。朝廷曾先后北伐，但无一成功。东晋元兴三年（404年）前后，刘裕起兵击败篡晋称帝的桓玄，控制东晋朝政。时南燕统治集团内部矛盾日益加剧，慕容超信用奸佞、诛戮贤良、赋役苛重，激起民众强烈反抗。为了晋朝的强大，刘裕决定兴师北上。

两次北伐，前后灭南燕、破北魏、亡后秦，收复山东、河南、关中等地，收复洛阳、长安两都，后长安虽在一年多后得而复失，但潼关以东、黄河以南和山东全境已划入刘宋版图，“七分天下，而有其四”，江淮流域得到保障。

元嘉仓皇北顾

刘义隆统治刘宋王朝三十年，总共发动了三次北伐战争。刘义隆一心想要吞并北魏，一统全国，但三次北伐战争都以失败告终。

佛狸神鸦社鼓

北魏太武帝拓跋焘小名佛狸。公元450年，他曾反击刘宋，两个月的时间里，挥师南下，五路远征军分道并进，从黄河北岸一路穿插到长江北岸，在长江北岸瓜步山建立行宫，即后来的佛狸祠。

廉颇忠勇遭弃

公元前245年，赵孝成王去世，其子赵悼襄王继位。赵悼襄王一继位就解除了廉颇的军职，派乐乘代替在外领兵的廉颇。廉颇因受排挤而发怒，攻打乐乘，乐乘逃走。于是廉颇离赵投奔魏国大梁。

廉颇去大梁住了很久，魏王虽然收留了他，却并不信任和重用他。赵国多次被秦军围困，赵王想再任用廉颇，于是派遣使者带着一副名贵的盔甲和四匹快马到大梁去慰问廉颇，看廉颇是否可用。廉颇的仇人郭开却唯恐廉颇再得势，暗中贿赂使者，让他说廉颇的坏话。赵国使者见到廉颇以后，廉颇在他面前一顿饭吃了一斗米、十斤肉，还披甲上马，表示自己仍可以被任用。但使者回来向赵王诋毁廉颇。赵王听信了使者的话，没任用廉颇。

廉颇郁郁不得志，最终死在楚国的寿春（今属安徽省寿县）。廉颇死后不久，赵国便被秦国灭亡。

第二十二课　南歌子·新开池戏作

一、教学目标

1. 能熟读成诵，能初步感知词牌“南歌子”的格律特点。能背诵全词。

2. 借助注释、译文读懂词意，感受作者对小池的喜爱和在池边纳凉的闲适之情。

3. 能通过诵读，初步感受作者用白描的手法、清新的笔调来写景抒情。

二、教材解读

（一）原文

南歌子·新开池戏作

〔南宋〕辛弃疾

散发披襟处，浮瓜沉李杯。涓涓流水细侵阶。凿个池儿，唤个月儿来。

画栋频摇动，红蕖尽倒开。斗匀红粉照香腮。有个人人，把做镜儿猜。

（二）原文解析

此词约作于南宋庆元二年（1196年），作者闲居江西上饶带湖之时写了这首“纪念词”，表达自己对新开的小池的喜爱之情。

“南歌子”为词牌名，双调五十二字，上下片各五句、三平韵。

上片句式为55745，共五句，三平韵。

仄仄平平仄，平平平仄平。平平平仄仄平平。仄仄平平，仄仄仄平平。

下片句式为55745，共五句，三平韵。

仄仄平平仄，平平仄仄平。仄平平仄仄平平。仄仄平平，仄仄仄平平。

该词上片主要写夏夜池边纳凉的闲适之情。起韵写池，笔意曲折，以可随意散发披襟的处所、浮瓜沉李的盘子来暗写新开辟的小池。同时，起韵写池而又兼写人，作者在新池边纳凉的快意与闲适，于此可见。“涓涓”一韵，仍是从侧面写池，写新池修好，水意充盈，以至浸湿台阶，送来凉爽的情形。上片末韵，以“凿个池儿”的轻巧口吻正面点题，兼写因池见月的景象。这里的用语轻松有趣，“池儿”“月儿”的称呼，活泼俏皮，足见作者对新池的喜爱之情。“唤个月儿来”的措辞，不仅写景由实境入空，更是妙语解颐，天下有水则有月，本无稀奇，经作者这么一说，平常的一个意思竟显出盎然的趣味。

下片主要写池中丰美的倒影，写得空灵而优美。这倒影由无生命的房屋到有生命的荷花和人，逐层递进，诗意渐浓而意境渐美。首先他写池水边的屋舍在池水中投下倒影，这倒影随波摇动，空灵不定。其次他写池水中粉色荷花也在池中投下倒影，水面上开放的荷花和水中荷花的倒影相映成趣，使人乍看之下，以为是荷花“倒开”于水中。于此可见，同写倒影，但作者笔法有变，一就其“摇动”来写，一就其“倒开”来写，这就不显得单调了。最后一个可以与池水中荷花倒影媲美的，是一个美人临池照影的倒影。对这个倒影，作者没有正面下笔，而是用“照香腮”“把做镜儿猜”写其实体，借指池中必有其倒影之意。

这首词言辞浅淡，构思精巧，意境清新如画，读来情趣盎然。词题为“新开池戏作”，因而词中的景物描写自始至终都是围绕着池水展开的，景色和人物都是通过水中的倒影显现出来的。篇中白描的手法、明白如话的语言、灵动的笔意、轻松的笔调，颇有元曲小令的风味。

三、教学建议

（一）以诵读为主，品读诗情

课前让学生欣赏名家吟诵《南歌子·新开池戏作》，借唯美的画面、古典的旋律来打开学生的心境，使其初步感受吟诵的乐趣。在前面宋词学习的基础上，引导学生归纳“南歌子”这一词牌的格律形式。从句式、字数、段式、押韵等方面归纳其为双调五十二个字，采用“55745，55745”的句式。上下片各五句，三平韵。接着抓住诵读的主线，指导学生分三个层次读词，即读得正确流利、读出停顿和节奏、读出平仄和押韵。然后采用小组读、拍手读、对对读、变换节奏读等多种形式读词句、读译文，体味词中的情趣，体会作者轻松自在的状态。最后，指导学生背诵全文并跟着音乐吟诵这首词，感受吟诵的魅力。

（二）以生活为辅，体味人生

通过播放视频《辛弃疾》，让学生了解他的生平。然后重点介绍“辛弃疾在上饶”这一特定历史时期，让学生了解他在上饶的生活状态，从而更好地理解这首词的含义。

四、教学设计示例

（一）课前欣赏

课前让学生欣赏名家吟诵《南歌子·新开池戏作》，借唯美的画面、古典的旋律来打开学生的心境，渲染学习古诗词的氛围。

（二）激趣导入

教师引导：古人文以言志，词以达情。词一直以其长短结合、平仄相谐、音韵回旋的格律形式，倾诉作者的悲欢离合与凌云壮志。今天，就让我们一起走进辛弃疾的《南歌子·新开池戏作》，共同感受这首词的格律和辛弃疾当时的心境。（板书课题）

（三）察文识律

1.了解词牌“南歌子”的格律：现在大家一起先来看看“南歌子”这一词牌的格式。

如果学生发现不了句式特点，教师提示：看看这首词的句数，数一数每句的字数，看看它采用的是什么格式。

交流押韵的规律：再来看看这首词的押韵。这首词压平韵，上下每片的哪几句押韵？怎样的格式才是词牌“南歌子”的格律呢？

2.总结：双调五十二个字，采用“55745，55745”的句式。上下片各五句，三平韵。

（四）读文晓韵

1.初读正音。

请同学们自由读读《南歌子·新开池戏作》，做到读准字音，把词读通顺。接着请司学朗读整首词。

2.划分节奏。

（1）词有着音韵之美，所以在朗读时，要注意读出词的停顿和节奏，我们一起来试读“散发披襟处，浮瓜沉李杯”。

指名读。

（2）指导学生注意停顿（出示标好停顿节奏的词句：散发/披襟处，浮瓜/沉李杯），再让学生试读，然后教师范读。

请个别学生读（出现问题则示范指导），学生如果把句子读断了，可以告知：句内停顿通常采用绵延音来处理，气息不能断开。

全班读。带着这种方法，请同学们自由朗读《南歌子·新开池戏作》，像老师一样标好朗读的节奏，做到不把词读破。

（3）检查学生的节奏划分，让学生试读。

3.读出平仄和押韵。

（1）引导学生读出轻重变化：读词讲究轻重缓急、抑扬顿挫，现在请大家听老师范读，仔细听，看老师在轻重处理上有什么规律。（平长仄短，平声字读得轻而缓，仄声字读得重而急。）

（2）指导朗读押韵的字：词有着特有的音韵之美，同学们读一读这首词，看哪些字是押韵的。

4.读出基调，学习吟诵。

让学生采用小组读、拍手读、对对读、变换节奏读等多种形式读课文、读译文，理解意思，体味词中的情趣，体会词人轻松自在的状态。最后，指导学生跟着音乐吟诵这首词，感受吟诵的魅力。

（五）会文悟情

1.介绍背景。

南宋庆元二年（1196年），作者于闲居江西上饶带湖之时写了这首“纪念词”，表达自己对新开凿的小池的喜爱之情。

（结合“教学资源链接”，介绍辛弃疾在上饶的晚年生活。）

2.读文会意。

请同学们在小组内将词句与译文对读。

（1）假设你就是此时的辛弃疾，来到了小池旁，此时你干了什么，眼睛里看到了怎样的画面呢？

（2）你在小池边会说些什么呢？

3.析词悟情。

你读出了作者的什么感受？结合图片，根据译文，读出辛弃疾当时的心境。

（六）仿文填词

1.引导学生模仿填词。

教师引导：“南歌子”是词牌名，又名“南柯子”。有许多人填写过此词，比如范成大就填过一首《南歌子·怅望梅花驿》，译文如下，请根据“南歌子”的格律形式，试着自己填词。

久盼不至，惆怅空望梅花驿——怅望梅花驿

欲寄无凭，痴情愁对杜若洲——凝情杜若洲

远处香云弥漫似有高楼——香云低处（ ）（ ）（ ）

可惜高楼，远离我的木兰舟——可惜高楼，不近木兰舟

捎信的双鱼杳无踪影——缄素双鱼远

题诗的红叶已临深秋——题红片（ ）（ ）

欲请江水寄去我的离愁——欲凭（ ）（ ）寄（ ）（ ）

江水已东流，哪肯为我西流——江已东流，那肯更西流

（注：抓住每一句的关键字词，仿照课文的平仄押韵。）

2.展示学生的作品，点评句式和用韵。

3.出示原作，进行比较。（词牌名、句式、押韵都相同。）

南柯子·怅望梅花驿

怅望梅花驿，凝情杜若洲。香云低处有高楼，可惜高楼，不近木兰舟。

缄素双鱼远，题红片叶秋。欲凭江水寄离愁，江已东流，那肯更西流。

五、教学资源链接

辛弃疾的晚年

南宋淳熙七年（1180年），辛弃疾再次任隆兴（今南昌）知府兼江西安抚使时，拟在上饶建园林式的庄园，安置家人。第二年春，辛弃疾来到上饶开工兴建带湖新居和庄园。他根据带湖四周的地形地势，亲自设计了“高处建舍，低处辟田”的庄园格局，并对家人说：“人生在勤，当以力田为先。”因此，他把带湖庄园取名为“稼轩”，并以此自号“稼轩居士”。当年农历十一月，辛弃疾被罢免，而带湖新居正好落成，于是辛弃疾回到上饶，开始了他的闲居生活。

一向羡慕隐逸高人的辛弃疾并不是不能接受闲居乡野，只是作为一个热血男儿、一个风云人物，在正是大有可为的壮年被迫离开政治舞台，这又使他难以忍受，“休说鲈鱼堪脍，尽西风，季鹰归未？求田问舍，怕应羞见，刘郎才气”（《水龙吟·登建康赏心亭》）。所以，他常常一面尽情享受着山水田园风光和其中的恬静之趣，一面心灵深处又不停地涌起波澜，时而为一生的理想所激动，时而因现实的无情而愤怒和灰心，时而又

强自宽慰，作旷达之想，在这种感情起伏中度过了后半生。“了却君王天下事，赢得生前身后名。可怜白发生”（《破阵子·为陈同甫赋壮词以寄之》），“却将万字平戎策，换得东家种树书”（《鹧鸪天·有客慨然谈功名因追念少年时事戏作》），在这些词句中，埋藏了他深深的感慨。

南宋嘉泰三年（1203年），主张北伐的韩侂胄起用主战派人士，已六十四岁的辛弃疾被任为绍兴知府兼浙东安抚使，年迈的他精神为之一振。他晋见宋宁宗，慷慨激昂地说了一番金国“必乱必亡”（《建炎以来朝野杂记》乙集），并亲自到前线京口任职。

南宋开禧元年（1205年），辛弃疾任镇江知府，时年六十六岁，登临北固亭，感叹报国无门的失望，凭高望远，抚今追昔，于是写下了《永遇乐·京口北固亭怀古》这篇传唱千古之作。但他又一次受到了沉重打击——在一些谏官的攻击下他被迫离职，于当年重回故宅闲居。年老多病的他，终于在南宋开禧三年（1207年）秋天溘然长逝，享年六十八岁。

第二十三课 【双调】沉醉东风

一、教学目标

1. 能在察律读韵中初步感知元曲的特点，发现曲牌“沉醉东风”格律基本特点，感受此曲明快活泼的语言风格，能背诵全文。

2. 知意悟情。能用自己的话语说出课文的大意，能体悟到作者对渔夫、樵夫那自由自在、悠然闲适生活的赞赏与向往。

3. 能借助格律特点辨析出曲中的衬字，从而初步体会到本曲语言通俗、明白如话的风格。

二、教材解读

（一）原文

【双调】沉醉东风

〔元〕胡祗遹

渔得鱼心满意足，
樵得樵眼笑眉舒。
一个罢了钓竿，
一个收了斤斧。

林泉下偶然相遇，
是两个不识字的渔樵士大夫。
他两个笑加加的谈今论古。

（二）原文解析

这是元代散曲家胡祗遹的一首散曲。“双调”是这首曲的曲调，“沉醉东风”是这首曲的曲牌名，这首曲无题。

胡祗遹（1227—1295），字绍闻，号紫山。磁州武安（今属河北省）人。主要活跃于元初中统、至元时期，这是元代历史上极其重要的时期。胡祗遹作为能臣、文人，其诗文和散曲创作在当时有较大的影响。他一生留下很多著作，有诗文集《紫山大全集》，其中的《黄氏诗卷序》《优伶赵文益诗序》《朱氏诗卷序》等文，是今人研究元曲的珍贵资料。

从本课开始学习元曲。元曲是继唐诗宋词后，中国文学史上又一重要的里程碑，它是中华民族灿烂文化宝库中的一朵奇葩。元曲始于宋代，于元代最为鼎盛。一般来说，元曲包括元杂剧和散曲，杂剧是属于戏曲类的，散曲是属于诗歌类的。元曲和诗词一样，有严密的格律定式，每一曲牌的句式、字数、平仄等都有固定的格式要求，同样依循了“篇有定句，句有定字，字有定声”。但是，元曲与宋词不同的是，它虽有格律定式，但并不死板，允许在格律定式中加衬字（衬字一般是放在句中），部分曲牌还可增句，押韵上允许平仄通押，灵活性比较大。所以，我们可能会发现，同一曲牌的两首曲有字数不一样的情况。

曲牌“沉醉东风”产生于宋元时期。此调属于“双调”，可用于剧曲、散曲套数和小令，代表作还有关汉卿的《沉醉东风·咫尺的天南地北》。

胡祇遹在路过渔村时即景而作这首《沉醉东风》。作者通过寥寥数语就让渔夫和樵夫谈今论古的画面活灵活现地呈现出来，语言清新直白，读来轻松明快。

“渔得鱼心满意足”：渔夫捕到了鱼便心满意足。句首的衬字“渔”的补充让句子完整而充实，语言更加生动。要注意“渔”与“鱼”音同，义不同。

“樵得樵眼笑眉舒”：樵夫砍到了柴就眼笑眉舒。句首的衬字“樵”同上一句“渔”正好相对，让语言更加周密而丰富。而句中的前后两个“樵”的意思不一样，前一个是名词，指樵夫，后一个是动词，指砍到了柴。

“一个罢了钓竿，一个收了斤斧”：一个放下钓竿，一个收起斤斧。这两句句式相同，加的衬字也相同——“一个”“了”。这两句在语义上是并列的，在表达上是有关联的，有“一个……另一个也……”之意，增强了语言表达的口语化和形象化。

“林泉下偶然相遇”：渔夫和樵夫两个人在林下水边偶然相遇。写明了地点“林泉下”，一个幽然、清静的地方。句中的“偶然”更为这生活化的画面增添了许多自然美好的感觉。

“是两个不识字的渔樵士大夫”：用白话很直接很明白地表达，但意思又颇耐人寻味。渔樵耕读是中国古代隐士生活最典型的代表活动，这里的“渔”“樵”两个人物，是暗指隐士吗？“两个不识字的渔樵”似乎又明确了两个人真实的身份，可是“士大夫”是指有官职的人或没有官职但有声望的读书人，那么作者称他们为“不识字的渔樵士大夫”是否在夸赞他们虽不识字但懂得多，是有道德修养的“士大夫”形象呢？或是在暗讽当时不尊重读书人的社会弊端呢？就当时的社会现状而言，均有可能。元代社会使读书人位于“八娼九儒十丐”的地位，政治专权、社会黑暗，因而元曲总会透露出反抗的情绪，锋芒直指社会弊端，直斥“不读书最高，不识字最好，不晓事倒有人夸俏”的社会，直指“人皆嫌命窘，谁不见钱亲”的世风。

“他两个笑加加的谈今论古”：曲中的两个人在林泉下偶然相遇，笑呵呵地谈今论古，渔樵二人自在、愉悦、洒脱，流露出作者好生羡慕向往之意。

这是一首本来就具有传奇色彩的小令。短短几句话，便生动地塑造出了两个人物。全曲完全用白描手法，虽只写人物外在的行动，却能将其内心世界真实地反映出来。

这首元曲《沉醉东风》在写法上主要是在清新明快的正字的基础上运用了丰富的口语化的衬字，使得整首曲的语言表达生动活泼、形象完整。

三、教学建议

元曲的教学方式与诗词相近，从教学目标和教学原则来说，注重诵读优秀元曲作品，注意通过语调、韵律、节奏等来体味作品的内容和情感，大体把握作品含义，想象作品描绘的情境。通过赏析优秀的元曲作品使学生受到感染和激励。

（一）注重前置学习

胡祗遹的《沉醉东风》篇幅不长，学生通过阅读可以初步理解作品含义。关于元曲的知识，只要求学生初步了解，不要求完全掌握。可让学生通过自己查阅资料来预习课文，以节约教学时间。

五年级的学生已具备一定的自学能力，可以借助拼音把曲读熟，也可以借助注释理解曲中一些不常见的字词。所以，教师布置预习任务，可以让不同学习水平的学生利用课前弹性时间先自学，以达到统一的目标——把曲读正确、读流利，理解生字词。这样既培养了学生自学的意识和习惯，也为课堂中的品读感悟环节打下基础。

（二）强化察律入韵

因为一些衬字的运用，这首元曲可能会给学生造成“它是一种没有格律的白话诗”的错觉。教师在教学中要以学生的“错觉”为教学契机，引导学生去探究和发现元曲的一些语言和韵律特点。所以，此曲的察律入韵教学建议放在知意悟情后，让学生进行对比性诵读，并引导归纳曲牌“沉醉东风”的格律特点。

（三）辅助表演悟情

在对曲的理解上，不要求字词一一对译、字字落实、句句确切，而是让学生拥有一种粗浅的感知即可。本文语言直白浅显，学生在理解上并不困难，教学的重点可以放在让学生通过情境表演来感悟曲中“渔”“樵”两个人物那逍遥自在的生活状态，从而深刻体会作者作为一位身不由己的士大夫对这种生活的羡慕和向往之情。

让学生用思维、语言、动作神态去形象化地展现曲中所描写的画面，根据自己对作品的理解和自己的生活体验还原曲中人物“心满意足”“眼笑眉舒”“笑加加的谈今论古”的画面。

在学生表演时，教师可以利用多媒体技术呈现水流潺潺的“林泉下”的画面，并配上古韵悠悠的音乐，将视觉、听觉与语言文字三者有效结合，构建作品所创设的情境，并让学生个性化地想象和表达作品的意思，以此加强学生对作品内容的理解和品悟。

如此有情有境有趣的课堂教学，不仅能激发学生阅读元曲的兴趣，增强学生学习元曲的自信心，还可以有效地促进学生诗词素养的提升。

（四）引发质疑辨析

在领悟曲意、品悟作者情感时，教师通过引导学生参与诵读、感知、聆听、想象、描述、表演等多种切身体验的学习活动，充分调动学生的多重感官以理解曲意，激活学生的情感体验。

恰恰在此时，教师要发挥“平地起惊雷”的效应：同学们觉得此曲有情有趣，没觉得有自相矛盾的地方吗？然后，引导学生寻找自己有疑惑的问题，从而引发学生进行深层的思考，比如教师提示：“是两个不识字的渔樵士大夫。他两个笑加加的谈今论古”，既是“士大夫”，就是古时当官有职位的人，即使没有做官也应该是有声望的读书人，而曲中又说他俩是“不识字”的，是不是自相矛盾呢？此时，教师通过补充作者创作这首曲时的社会背景来帮助学生进行一些推理性的分析和思考，帮助学生养成思辨的习惯。

四、教学设计示例

（一）回顾而导新

1.教师引导学生回顾并导入：

同学们，随着时间的推移，在《中国古典诗词欣赏》这本书中，我们随着作家的作品走过了：

先秦时代，学习了——

战国时期，学习了——

汉朝，学习了——

唐朝，学习了——

宋朝，学习了——

不同时代的诗词有不同的风格特点。接着，我们要走进元朝，学习一种新的文艺形式——元曲。

唐诗、宋词、元曲是咱们中华民族灿烂文化宝库中的三朵奇葩，那元曲到底是怎样的呢？今天，咱们就来学习元代散曲家胡祗遹写的一首《沉醉东风》。

2.读题解题：猜一猜题目的前后两部分各代表什么？（答案暂不揭晓。）

（二）正音而明意

1.检测自读情况。

（1）正音读：认为自己能读正确的同学就请站起来读。注意“士大夫”的“大”的读音。

（2）流利地读：还能加快速度读的同学请站起来读。

（3）有韵味地诵读：能读出一些韵味来的同学请展示读。教师相机进行停顿、押韵朗读的指导。

（4）理解读：大家能读明白哪些字词的意思？注意引导学生区分“渔”与“鱼”、“樵”与“樵”的意思，弄明白“斤斧”“士大夫”的意思。

2.根据教师出示的图片或者根据教师说的意思，说出曲中相应的句子。

3.齐诵全曲。

（三）知人而悟情

1.读出画面：你能读出文中的哪些人、景、物？请圈起来。（人：渔夫和樵夫。物：钓竿和斤斧。景：林泉下相遇、谈今论古。）

2.读出意境：这些事物构成了一幅怎样的画面，请展开你的想象，然后用语言描绘出这幅动态的画面。指名说，尊重学生的个性表达。

3. 读出形象：作者描写了怎样的两个人呢？让我们再来读一读。（教师引读。）

师：渔得鱼——生：心满意足。

师：樵得樵——生：眼笑眉舒。

师：一个罢了——生：钓竿。

师：一个收了——生：斤斧。

师：林泉下——生：偶然相遇。

师：是两个不识字的——生：渔樵士大夫。

师：他两个笑加加的——生：谈今论古。

师：读着读着，眼前的两个人是多么——生：悠闲自得、自在洒脱！

作者言语间流露的是什么感情？（流露了作者对渔夫樵夫自由自在、悠然闲适生活的羡慕向往之情。）

4. 情境表演，感悟诗情。

指定两名学生上台表演曲中所描绘的场景，用多媒体音画呈现曲中景象，让学生感受一下曲中情景。

先让学生说说作者看到此情此景会有怎样的触动（心向往之），然后教师补充说明作者当时的身份。

（四）启疑而思辨

1. 启发学生思考：在刚才的诵读中，细心的同学可能会发现曲中的表述存在矛盾。

2. 学生讨论后，教师提出问题：渔、樵都是苦力，可两人却乐在其中；不识字的渔、樵，怎么会是士大夫呢？鼓励学生表达。

3. 介绍时代背景和当时的社会现实后，再让学生发表看法。（比如：“渔得鱼”虽辛劳，却心满意足；“樵得樵”虽艰苦，但眼笑眉舒。二人林泉下偶然相遇，笑呵呵地谈今论古，生活中知足常乐，远离名利场。这是作者向往的一种超然物外的生活。）

4. 跟着音乐诵读全曲。

（五）对比而晓律

1. 引发思考：你觉得元曲有没有像唐诗宋词一样有严谨的格律？让学生自由发表见解，教师先不点评。我们先按要求来改写一下这首元曲。请按 6633787 的句式来改写。

2. 对比不加衬字与加了衬字后的区别，引出元曲的格律特点和有无衬字的区别。

得鱼/心满意<u>足</u>，	渔得鱼/心满意<u>足</u>，
得樵/眼笑眉<u>舒</u>。	樵得樵/眼笑眉<u>舒</u>。
罢/钓竿，	一个/罢了/钓竿，
收/斤<u>斧</u>。	一个/收了/斤<u>斧</u>。
林泉下/偶然相<u>遇</u>，	林泉下/偶然相<u>遇</u>，
不识字/渔樵士大<u>夫</u>。	是两个/不识字的/渔樵士大<u>夫</u>。
笑加加/谈今论<u>古</u>。	他两个/笑加加的/谈今论<u>古</u>。

（注：斜线表示节奏，下划线表示押韵字。）

小结词牌“沉醉东风”的基本格律，解答上课读题时的疑惑。

（六）背诵总结

1. 背诵：同学们，这首元曲就学到这里，刚才我们入情入境学习收获不小，如能背诵就更好了。大家用两分钟时间，尝试背诵这首元曲。

2. 总结：学元曲，要细心体会曲的特点。比如在语言方面，它有一定的格律，又吸收了口语的自由灵活；艺术表现方面，更多地采用“赋”的方式加以叙述；等等。

五、教学资源链接

元曲的主要作家

元曲的兴起对于我国诗歌的发展、文化的繁荣有着深远的影响和卓越的贡献。元曲一出现就同其他艺术之花一样，立即显示出旺盛的生命力，它不仅是文人咏志抒怀的工具，而且为反映元代社会生活提供了人民群众喜闻乐见的崭新的文艺形式。

元曲作家中留有姓名、曲作的共二百二十多人，流传至今的作品有四千五百多首（套、部），其中小令三千八百多首（含带过曲）、套数四百七十余套、杂剧一百六十余部（本）。在众多作家中，对元曲的形成做出开创性贡献的是元好问，他生于金元混战之际，是一位名冠金元两代文坛的巨星。他的作品对元曲创作起着启导、统领规范的作用。关汉卿、马致远、郑光祖和白朴，这四位元代著名杂剧作家被称为“元曲四大家”。

曲与词的主要区别

曲与词最显著的区别是有无衬字，有衬字的是曲，没有衬字的是词。所谓衬字，指的是在规定的字数之外所增加的字，它不受音韵、平仄、句式等曲律的限制，衬字一般用于句中。

第二十四课　【双调】沉醉东风·秋景

一、教学目标

1. 通过与前一课元曲的对比学习，进一步了解简单的元曲知识，了解曲牌“沉醉东风”的格律，能有韵味地诵读，基础好的学生能背诵元曲。

2. 借助文中的注释自读自悟、知晓文意，能用自己的话语说出曲文的大致意思，想象曲中所描写的画面，能初步感悟作者所描绘的意境。

3. 初步了解本曲化用典故的写法以及用典的好处。

二、教材解读

（一）原文

【双调】沉醉东风·秋景

〔元〕卢挚

挂绝壁松枯倒倚，
落残霞孤鹜齐飞。
四围不尽山，

一望无穷水。
散西风满天秋意。
夜静云帆月影低，
载我在潇湘画里。

（二）原文解析

这是元散曲大家卢挚的一首写景散曲。“双调”是这首曲的曲调，“沉醉东风”是这首曲的曲牌名，“秋景”是这首曲的题目。

卢挚（约1242—约1315），字处道，一字莘老，号疏斋，又号嵩翁，颍川（今属河南）人，祖籍涿郡（治今河北涿州）。世祖至元初以荐入仕，官至翰林学士承旨。诗与刘因比肩，世称“刘卢”；文与姚燧齐名，世称“姚卢”。诗文有《疏斋集》（已佚），论著有《文心选诀》《文章宗旨》，传世散曲一百二十首。卢挚的作品有的写山林逸趣，有的写诗酒生活，而较多的是怀古，抒发对故国的怀念。今人辑有《卢疏斋集辑存》，收诗、文、词、曲各一卷。

本曲前五句写黄昏之景，后两句写静夜之景，二者又有机地构成一幅反映时空推移的动态画面，传达出作者悠闲宁静而略带萧瑟的情思。

此曲的特点在于通过时空的转换，以动态的形式描写景物，使画面有所移动，使黄昏与静夜两个时间范畴同时出现，诗情融于画意而又多于画境。全曲虽仅有四十五字，但其所蕴含的“意”“景”却是十分丰富的。

“挂绝壁松枯倒倚，落残霞孤鹜齐飞”：枯松倒挂倚着绝壁生长，野鸭与残霞一齐飞舞。此处作者化用前人诗句，构造了一个横纵相谐的立体空间。“挂绝壁松枯倒倚”一句出自李白《蜀道难》中的诗句“枯松倒挂倚绝壁”，“绝壁”即危崖。一开篇便用此句，延展了纵向的空间。“落残霞孤鹜齐飞”则是化用了王勃《滕王阁序》中的名句“落霞与孤鹜齐飞”，这一句转移了视角，从纵向的空间拓展到横向的空间上来，视线也由江边的高崖绝壁转移到平行视线的江面上来，仅用了两句话就概括了江边的各色景致。

“四周不尽山，一望无穷水”表现了江景的宏阔：四周没有山影遮挡视线，只有脉脉的流水盈满眼帘。水因其不可逆流的特性，历来就与时间、生命、青春紧紧联系在了一起。难怪孔子在奔流不息的水边感叹“逝者如斯夫”（《论语·子罕》）。黄昏的秋天，漫步在落霞映照的江边，看着飞逝而去的流水，冷清之感便随着凉爽的秋风慢慢袭上心头。

“散西风满天秋意”：秋风无影，秋意无形，可偏偏那吹拂的西风就裹着秋意四处散播，天地间一派浓浓的秋意。

“夜静云帆月影低，载我在潇湘画里”：结尾两句不再继续渲染秋意，不再执着于营造悲凉的氛围，而是笔调一转，为我们画出了一幅安详宁静的潇湘夜景画——秋夜寂静、白帆如云、月影低垂，此时泛舟江中，如行于潇湘画中。最后一句“载我在潇湘画里”尤为让人心动，作者跳出观察者的视角，用代入法将自己融于秋景之中。如果说前六句是状物之言，那么最后一句则是写心之笔。秋天江景的美丽宏阔，让“我”恍惚间已经入画，难以自拔。无论是江边的观景者，还是江中的游览者，入画的感觉都是如此微妙。试想“我”立于江边，衣袂随风飘，远看江面，那泛舟江中的人啊，正定格在“我”眼中的潇湘美景图中；抑或“我”早已随着清冷的江景入画，那泛舟江中的人啊，其实就是内心平和的“我”而已。中国古代历来讲求天人合一、物我两忘，一句“载我在潇湘画里”如神来之笔，将人与自然的和谐表达得恰如其分，也使曲和绘画的意境打通，融曲、画于一体，绵长悠远，耐人回味。

“悲秋”似乎是中国古典文学史上永恒的主题，欧阳修的散文《秋声赋》更是将秋天之悲凉、人事之忧劳描写至极。而此白描秋景的散曲则与以往不同，虽萧瑟但不悲凉，虽冷清但不颓唐。萧瑟冷清之后是一种宏阔的心境，清丽而淡雅，让人心归于平静。舟行江中，人入画中，心则随着水波留恋于如梦似幻的潇湘美景图之中。

曲中有三处明显的用典：“挂绝壁松枯倒倚”一句，化用了李白《蜀道难》中的诗句“枯松倒挂倚绝壁”；“落残霞孤鹜齐飞”，套用了王勃《滕王阁序》里的名句“落霞与孤鹜齐飞”；“载我在潇湘画里”一句中，“潇湘画”指宋代画家宋迪的《潇湘八景图》，是一组著名的平远山水画。作者化用前人的诗词歌赋，加深了诗词中的意境，增强了语言的生动性和感染力。

三、教学建议

曲是中国古代很重要的一种艺术体裁，在结构与体例上与诗词很相似。曲源自诗与词，是诗词派生出来的艺术形式。因此，在教授曲时可以借鉴诗词的教学方法。

（一）拓宽途径，善用资源

《中国古典诗词欣赏》的内容十分丰富且复杂多变，只依靠课堂内的时间学好中国古典诗词，可以说几乎是不可能的。一方面学习每一首诗词曲之前，学生进行课前预习是十分必要和重要的。《唐诗三百首》《宋词三百首》《元曲三百首》，或唐诗、宋词、元曲欣赏之类的书籍，都是不错的学习参考书，可建议学生通过拓宽阅读面，更好地自学中国古典诗词。另一方面，可以指导学生充分运用网络资源，拓展学习途径，让学生尝试自学这些内容，并指导学生做好资料收集与筛选的工作。

（二）读出韵律，察律观形

这首《沉醉东风·秋景》讲究韵律，不能灌输式地讲解曲的节奏、押韵等知识，而是要让学生在诵读中去观察、去发现、去感知。让学生在与文本直接的接触中形成一个集听觉、视觉于一体的声韵场，然后做到切己体察，诵读入韵。

在教学时，可以先引导学生在诵读中发现曲的“形美”。然后通过师生有韵味地深入诵读，去发现曲的“声美”，再配上优美的背景音乐去表现曲的“韵美”。教师要通过多种形式的朗读指导，促使学生以读悟曲。

（三）读懂曲文，想象画面

小学阶段，在学生对曲的理解上不要求字词一一对译、字字落实、句句确切，只要学生能粗浅感知曲的大意就达成了我们的教学目标。

应让学生形象化地感知曲中所描写的画面。教师可以通过解读原文、寻找和提出重点词等引导方式，让学生把曲中描写的景物与动物找出来（如绝壁、松枯、残霞、孤鹜、山、水），再让学生根据自己的生活体验还原曲中描写的画面。

为了进一步让学生把文字转化为画面，可以利用多媒体技术，将视觉、听觉与语言文字有效结合起来，构建良好的、动态化的情境，促使学生的脑海中产生相关的画面，鼓励其用简笔画画出来。让学生个性化地想象和表达曲的意思，逐步引导学生加强对曲的内容的理解，进而增强其阅读浅显古文的自信心，激发其阅读古曲的兴趣。

（四）由景入人，体悟情感

这首散曲写的是潇湘行舟所见，按时间顺序道来。作者的态度和感想，更多的是寓于冷静地观察景物之中。视野所及，潇湘两岸的山水风物都使他心旷神怡。西风轻拂带来了满天的秋意，加之作者身在旅途，按常理，应难免心生萧瑟之感，但其时卢挚是在湖南宪使任上，或许是外出公干，或许正在赴任途中，所以心境是平静的。由是，我们欣赏到了一幅气象宏大、意境灵动的秋景图。

在教学时，教师始终要引导学生由曲读人：作者在这样一首曲子中，表达的是什么？此时的作者见景生出怎样的情？曲第一句中的“绝壁”“松枯”，第二句中的“残霞”“孤鹜”，第三句中的“山”，第四句中的“水”，可以说句句皆有景物，全曲富有画面感，铺开了一幅优美的秋景图。就是在这样的美景中，作者写到“散西风满天秋意”，“西风”“秋意”皆无形无迹，是物境也是心境。“夜静云帆月影低，载我在潇湘画里”呈现的是一幅安静祥和的画面，作者融情于其中，一种悠闲宁静而略带萧瑟的情思亦深藏其中。

四、教学设计示例

（一）复习导入

1. 全班一起背诵上一课学习的《沉醉东风》。

2. 抢答：通过上节课的学习，你知道词与曲有何异同之处了吗？

3 揭题：今天，我们学习另一位散曲家卢挚写的一首曲——《沉醉东风·秋景》。

（二）释解曲题

1. 读题。

2. 解题。

你能说说《【双调】沉醉东风·秋景》题中三部分分别代表什么吗？

（“双调”是这首曲的曲调名，“沉醉东风”是它的曲牌名，“秋景”则是题目。）

3. 补充：作者卢挚或外出公干，或在赴任途中，行舟至潇湘，看到如画般的风景，顿感心旷神怡，于是提笔写下此佳作。下面，让我们一起欣赏作者笔下的这幅秋景图。

（三）倾心朗诵

1. 正音读：指名读，特别提醒“倒倚”“孤鹜”“散”“载”等字的正确读音。

2. 韵味读：读出节奏、轻重、押韵。

【双调】沉醉东风·秋景

〔元〕卢挚

挂/绝壁/松枯/倒倚，

落/残霞/孤鹜/齐飞。

四围/不尽/山，

一望/无穷/水。

散/西风/满天秋意。

夜静/云帆/月影低，

载我/在潇湘画里。

3. 配乐诵：播放优美的古乐，师生对读。

师：挂绝壁——生：松枯倒倚。

师：落残霞——生：孤鹜齐飞。

…………

（四）读文解意

1.默读：找出作者开篇写了秋天的哪些景象。

（第一句中的“绝壁”“松枯”，第二句中的“残霞”“孤鹜”，第三句中的“山”，第四句中的“水”。）

2.再读：你发现曲中有哪些动词？请圈出来。

3.再读：把这些动词读重一些，你感觉到了什么？

（曲中开始两句，就运用了四个动词“挂”“倚”“落”“飞”，把景物串联在一起，画面就有了动感。而后面几句中的“望”“散”“载”有强大的代入感，让人融入诗中、境中。）

（五）读文品境

1.想象画面读，走入景中。

（1）读“挂绝壁松枯倒倚”，你看到了什么？（悬崖之上一棵枯松倚绝壁而倒挂。）

教师引导：枯松的奇姿、山势的险峻，起笔不凡，再读。

（2）读“落残霞孤鹜齐飞”，你看到了什么？

（3）读“四围不尽山，一望无穷水”，你看到了什么？

（4）读“散西风满天秋意”，你看到了什么？

（5）读“夜静云帆月影低，载我在潇湘画里”，你又看到了什么？

2.明典晓情读，走入境中。

（1）发现曲中所用之典。

李白《蜀道难》中的诗句“枯松倒挂倚绝壁”、王勃《滕王阁序》里的名句“落霞与孤鹜齐飞”、宋代画家宋迪的一组平远山水画《潇湘八景图》。

（2）你发现曲中哪些句子与它们有关联？

学生讨论后发表观点。

教师再补充：用典，是古文中常用的一种表现方法。用典又分用事和化用前人诗句两种。用事是借用历史故事来表达作者的思想感情，包括对现实生活中某些问题的立场和态度、个人的意绪和愿望等，属于借古抒怀。而这首曲是化用前人的诗句，曲中有三处明显的用典——“挂绝壁松枯倒倚”“落残霞孤鹜齐飞”“载我在潇湘画里”，这样的用典很容易将读者带入曲的意境中，使得“挂壁的枯松”“齐飞的残霞和孤鹜”“载我入画”的景象跃然纸上，更为生动形象。

（六）对比识律

1.出示第二十三课和二十四课课文对比诵读：说说你的发现。

2.归纳小结曲牌“沉醉东风”的格律特点。

句式：6633787（不计衬字）。

押韵：七句六韵。

平仄（不计衬字）：

平平平仄仄平，

平平仄仄平平。

仄仄平，

平平仄。

平平仄仄平平仄。

仄平仄平平仄仄平，

仄平平平平仄仄。

（七）总结拓展

教师：曲牌“沉醉东风”是常见的小令，一般写景抒情，情景交融。在《元曲三百首》中，关汉卿、白朴、张可久、汪元亨都写过这种曲牌，不妨课外仔细读一读，并慢慢品读、鉴赏。

五、教学资源链接

宫　调

宫调是指中国古代音乐的调式，曲中的宫调出于隋唐燕乐，南北曲常用的有五宫四调，通称九宫或南北九宫，包括有正宫、中吕宫、南吕宫、仙吕宫、黄钟宫（五宫）、大石调、双调、商调、越调（四调）。曲的每一个宫调都有自己的风格，或伤悲，或雄壮，或缠绵，或沉重。

曲　牌

曲牌俗称“曲子”，是对各种曲调的泛称，各有专名，如“点绛唇”“山坡羊”等，总数很多，元代北曲共有三百三十五个曲牌，每一个曲牌都有一定的曲调、唱法，同时也规定了该曲的字数、句法、平仄等，据此可以填写新曲词。曲牌大都来自民间，一部分由词发展而来，故曲牌名也有和词牌名相同的，但是内容并不完全一致。此外，还有专供演奏的曲牌，但大多只有曲调而无词。

第二十五课
【越调】天净沙·鲁卿庵中

一、教学目标

1. 诵读成韵，初步感知曲牌“天净沙”的格律特点，能正确而熟练地背诵《天净沙·鲁卿庵中》这一首曲。

2. 知晓文意，要求学生能用自己的话说出该曲的大意，想象曲所描写的画面，能感受山斋中高远、清幽的自然环境，体会作者对友人高洁品格的称赞和对隐逸生活的向往之情。

3. 了解《天净沙·鲁卿庵中》这首曲前三句的特点。（这是一种由三个互为对偶的句子组成的鼎足对，也称“三枪对”，发现与欣赏其他曲中的鼎足对。）

二、教材解读

（一）原文

【越调】天净沙·鲁卿庵中

〔元〕张可久

青苔古木萧萧，

苍云秋水迢迢，
红叶山斋小小。
有谁曾到？
探梅人过溪桥。

（二）原文解析

《天净沙·鲁卿庵中》是元代著名的散曲家张可久所作的一首小令。此小令是张可久对友人鲁卿隐居山中的赞美，同时也是他对隐逸生活一片向往之情的真实流露，属写景抒情之曲。

张可久（1280—约 1352），元散曲家。名久可，号小山，庆元路（治今浙江宁波）人。多年担任下级官吏，时官时隐，足迹遍及苏、浙、闽、湘、赣、皖等地，一生时运不佳，坎坷不得志。他是元代散曲清丽派的代表作家，与乔吉一起并称为元散曲两大家。现存作品有小令八百五十余首，是元代作家中作品数量最多的，现存元散曲中的作品大多数为他所写。他的散曲大多为欣赏山光水色，抒写个人情怀和应酬怀古之作。张可久的作品讲究格律和音韵，着力于炼字炼句，对仗工整，字句和美；融合运用诗词作法，讲究蕴藉工丽，而且常常化用诗词名句。明清以来很受文人推崇和效仿的《太和正音谱》称张可久为“词林之宗匠”。现留存有《小山乐府》《张小山小令》。

“天净沙”，曲牌名，又名“塞上秋”，属北曲越调，常用来写秋景、抒悲远之情。全曲共五句二十八个字（衬字除外），第一、二、三、五句每句六字，第四句为四字句，呈 66646 句式。这个曲牌名大家最为熟悉的是马致远的《天净沙·秋思》。

【越调】天净沙·秋思

〔元〕马致远

枯藤老树昏鸦，

（平平仄仄平平）

小桥流水人家，

（仄平平仄平平）

古道西风瘦马。

（仄仄平平仄仄）

夕阳西下，

（平平平仄）

断肠人在天涯。

（仄平平仄平平）

张可久的这首《天净沙·鲁卿庵中》，宛如一幅淡远幽雅的山水画，是对友人鲁卿隐居山中的赞美，亦是对隐逸生活一片向往之情的真实流露。该曲的语言笔墨简淡，极具艺术魅力。

前三句写景即写人，写出了隐者的品格风致，形成对仗。

首句“青苔古木萧萧”是写友人鲁卿所居住的环境：古木萧萧，青苔丛生。“青苔古木”是构成首句物境的基础，青苔结生于古木之上，亦可以将“青苔”“古木”理解为并立的意象。“萧萧”一词一般用来形容秋天肃杀、枯叶飘落的情境，这里用来衬托秋日山中凄清、古静气氛的景物。

“苍云秋水迢迢”写水、云状貌。“苍云”是高空长云，有宏阔的气象；“秋水”有平沙落雁相伴，皆染秋色。“迢迢”修饰“秋水”，结构同“萧萧”修饰“古木”一样。“秋水迢迢”突出秋水长空一色的景貌，这里的“迢迢”其实也沾染了“苍云”的色彩。

“红叶山斋小小”写鲁卿山斋有红叶飞落环绕，与肃杀的古木、旷远的云水相比，山斋不过是“小小”的一座建筑。但山斋与前二者不同的是，“青苔古木”“苍云秋水”都是肃杀清远的“黑白照片”，而环绕山斋的红叶却是秋季最艳丽的色彩代表，从而形成色彩鲜艳的景象，给人以强烈的视觉冲击。

前三句用相同的句子结构，由小至大又由大入小地勾画出秋山云水的样貌。从色彩和结构的丰富性上来讲，“青苔古木萧萧”最肃杀，“青苔”“古木”都是较幽深的物象。“苍云秋水迢迢”，使境界顿时开阔，色彩也更鲜艳而明亮了。“红叶山斋小小”，一“红”一“小”，与前文形成对比：“红叶”与“青苔古木”“苍云秋水”对照，形成鲜明的色彩对此；“小小”与“萧萧”“迢迢”对照，实际上是把焦点集中到了山斋上来。这句子在全曲中起到小结与过渡作用。

“红叶”使得山斋成了前三句秋山云水图的中心，但山斋之“小”又为后文的继续展开留下了余地。作者将鲁卿的山斋放到了巨大的秋山云水图中，突出了山斋之“小”，更突出了它的幽深，这就使得下文“有谁曾到”的疑问显得十分自然了。

后两句写作者来探望隐者，写出作者与隐者之间深挚的友情。

“有谁曾到？探梅人过溪桥”写的其实还是鲁卿山斋的幽深，不过换了一个角度，并加了一层意思。所谓“探梅人”，实际上指的是作者自己。“梅”自古是高士隐者的代表，作家说自己是“探梅人”，就是把鲁卿比作梅一般的高洁之士来赞扬了，实际上有借物喻人之意。

“过溪桥”是一个过程，作者想要探访山斋，但还在路上，刚刚踏过小溪上的石板桥。这样的写法从效果上应和了前文“有谁曾到”的疑问，连诚心探访的作者都只是方过溪桥，其他人自然是不知有此处，不知有如此高雅之士隐居于此了。

通过这样一首意境高远的小令，可以感受到作者对于隐逸生活的一心向往。全曲通过对秋云、秋水、秋木的描写，构建出高远清幽的山中境界，营造出静谧的禅境，表达了作者对友人鲁卿高尚、纯洁的品格的称赞，以及自己对隐逸生活的向往之情。

三、教学建议

（一）以文带文，激发兴趣

曲是中国古代文学中极其重要而常见的一种艺术体裁。同一调子、同一曲牌的曲，在字数、节奏、押韵、情感方面都有许多相似之处。因此，在学习曲时可以学习其中一首，再将学法迁移，学习同曲牌的其他曲。

首先，课前教师有必要对学情进行一个大致的了解，看学生是否了解“天净沙”这个曲牌名的代表作——马致远的《天净沙·秋思》一曲。

然后，出示“枯藤”“老树”“昏鸦”“小桥”“流水”“人家”这几个词，引出这首经典的元曲，引导学生发现：几个事物、几个词语一组合，竟然能成一首精品的元曲小令，能呈现绝句妙境。由此引发学生学习“天净沙”小令的强烈兴趣。

接着，水到渠成地推出张可久的《天净沙·鲁卿庵中》，向学生提问：张可久的《天净沙·鲁卿庵中》有什么样的特点？引导学生带着好奇心踏上探究之旅。

（二）拓展途径，善用资源

让学生在课前利用网络、书籍、报刊等各种资源查找相关资料，为课堂中的学习做足课前准备。

（三）色彩切入，品文悟法

在小学阶段，在学生对元曲文意的理解上，不要求曲中字字落实、句句确切，只要学生能粗知曲的大意，体会作者的思想情感就行了。绝大部分曲的内容都偏口语化，通俗易懂，教师要善于从曲中挖掘写作指导因素，从而帮助学生形成“写作用语风格”的概念，学会欣赏和使用语言技巧。

在品读全曲的前半部分“青苔古木萧萧，苍云秋水迢迢，红叶山斋小小”时，为了让学生真切体会到曲中的意境之美，感受第三句所写的红叶飞落环绕小小山斋的景象，教师可以通过把文字转化成图片与短视频的方式，将其与第一、二句所写肃杀古木、旷远云水的高远进行对比，进一步引导学生感受两者之间的色彩差异，使学生更深刻地理解曲中的景物变化和意境画面。

另外，曲中写景的三个句子形成了排比句，有一种工整之美，为学生写作文提供了很好的范例。

（四）字词入手，感知意境

读准字音词韵是古文教学的基本要求之一。教师可以引导学生通过结合书中的注解、字词注音来读准本曲中的每一个字词的读音，用图片来展现“苔、木、云、水、叶、斋、桥”等字，把文字转化为画面，让学生看画面读词，再加字读词“青苔、古木、苍云、秋水、红叶、山斋、溪桥”等。就这样启发学生把词送入画面中，再读曲，让学生一看到词语，就能想起相应的事物，从而培养学生的联想思维能力和激发其学习曲的兴趣。

四、教学设计示例

（一）图片导入

1.感知词之古韵。

观物读词：苔、木、云、水、叶、斋、桥。

加字读词：青苔、古木、苍云、秋水、红叶、山斋、溪桥。

把词送入画面中，再读词，说说有什么不同。

2.揭题：张可久，元散曲家。他来到了这里，看到此景，写下了一首精品之曲《天净沙·鲁卿庵中》，你猜他会写什么？

3.置疑：作者到底要写什么？我们走进这首曲中一探究竟。

（二）结合注释，理解曲意

1.读正确：齐读再指名读。

2.读懂文义。

（1）结合文中注释，自读曲，读懂曲，试着用自己的话说说曲中的意思。

（2）由一学生发问关于一些词或句的意思，指名另一学生回答。

3.厘清文脉。

（1）如果要把这首曲分为两部分，你觉得应该怎么分？为什么？

（2）分两部分诵读。

（三）启疑探思，知人悟情

教师引导：读着读着，你读出怎样的景，读出怎样的人？

1.品读第一部分：曲中描写了怎样的景？（从色彩、远近、大小等方面来感受，找出关键词来品悟。）

“苍云”“红叶”，是明与暗的交替；“迢迢”“小小”，是远近与大小的变化。所以说这是高远而幽静的景，这是色彩变化的景，这是秋山云水富有意境的景。

2. 品读第二部分：曲中出现怎样的人？从哪些字里看出来？学生读后思考，并谈论交流。

教师引导学生思考："探梅人"是谁？"梅"是古人用来代表高洁之士的一种物象，这里指谁？

3. 配乐朗读。

（四）回归课题，察韵识律

1. 指名回答：回到课题《天净沙·鲁卿庵中》，你觉得作者在写什么？

2. 归纳总结：回到曲牌"天净沙"，你发现这首曲的格律是怎样的？请完成下列填空。

《天净沙》全曲共__句，二十八字（衬字除外），呈_____句式。

（五）多种诵读，引导背诵

先小组读、男女读、分句读，再引导学生背诵《天净沙·鲁卿庵中》。

五、教学资源链接

元曲曲韵

元曲在押韵方面严守《中原音韵》十九部的要求而分平、上、去。用韵上有以下特点：平仄通押，不避重韵，一韵到底，借韵，暗韵，赘韵，失韵。

鼎足对

鼎足对也称“三枪对”，是指三个互为对偶的句子组成的对联。第一句可对第二句，第二句可对第三句，第三句也可以直接与第一句相对。《天净沙·鲁卿庵中》一曲前三句“青苔古木萧萧，苍云秋水迢迢，红叶山斋小小”，可看作鼎足对。马致远《天净沙·秋思》的“枯藤老树昏鸦，小桥流水人家，古道西风瘦马”，也是典型的鼎足对。

第二十六课
【双调】清江引·咏梅（其一）

一、教学目标

1. 在熟读成诵中观察发现曲牌“清江引”的格律特点，感受此曲活泼而灵动的语言风格，能熟练地背诵此曲。

2. 借助注释自读自悟，知晓曲意，能初步体会作者对纯洁高雅的梅花的喜爱和赞美，体悟作者借梅花表达自己崇尚高洁、不谋私利的人格志趣。

3. 初步感悟本曲中对偶、拟人手法的运用之妙，感知作者借物言志的表达手法，并能进行相关句子的仿写。

二、教材解读

（一）原文

【双调】清江引·咏梅（其一）

〔元〕贯云石

南枝夜来先破蕊，
泄露春消息。

偏宜雪月交，

不惹蜂蝶戏。

有时节暗香来梦里。

（二）原文解析

《清江引·咏梅》是贯云石所写的小令，一共有四首，本课节选的是其中第一首。

贯云石（1286—1324），元代文学家。名云石，自号酸斋、芦花道人。本名小云石海涯，元代军事家阿里海涯之孙。因父名贯只哥，遂以贯为姓。维吾尔族。祖籍北庭（今新疆吉木萨尔）。酷爱汉族文化，在诗文、散曲方面有很深的造诣。曾任两淮万户府达鲁花赤、翰林学士等职。后辞官过着隐居的生活，此曲就是他辞官隐居时所作。他与徐再思齐名，世称“酸甜乐府”。他是散曲从草创时期发展到黄金时代的一位过渡作家，在散曲发展史上占有重要地位。现存套数八套，小令七十九首。

该曲的曲牌“清江引”，属双调，共五句三十字，句式为75558，押四仄韵；也可加衬字，每句入韵。平仄格律为：

南枝夜来先破蕊，泄露春消息。偏宜雪月交，不惹蜂蝶戏。有时节暗香来梦里。

（平平仄平平仄仄，仄仄平平平。平平仄仄平，仄仄平平仄。仄平平仄平平仄仄。）

这首小令《清江引·咏梅（其一）》是一首优美的咏梅言志的散曲。全篇咏物，句句不离梅花纯洁高雅的品性。同时，这首曲又字字言志，正是作者崇尚高洁、不谋私利的高尚人格的写照。

第一、二句“南枝夜来先破蕊，泄露春消息”：梅花南面的花枝夜里先吐出了花蕾，泄漏了春的消息。这里的“破”“泄露”

用拟人的手法传神地写出了梅花绽放的姿态，用语极为工巧。

第三、四句“偏宜雪月交，不惹蜂蝶戏”：梅花偏偏喜欢与白雪、明月交朋友，不去招惹蜂蝶来嬉戏。这两句着眼于梅花的品性，表现了作者贞洁自守、不愿与世俗同流合污的高尚品格。采用对偶、拟人的手法，使得整首曲的格调明朗、曲境活泼，特别是“偏宜”“交”“惹”“戏”等词的运用生动而贴切，表达出作者的心志向往。

第五句“有时节暗香来梦里”：有时候，梅花散发的暗香来伴我入梦。此句是作者的感叹，“暗香”一词写出了梅花花香之妙，虽借用前人诗句，但在这里却另有一番新趣。

这首咏梅曲没有直接写梅，但托物言志的手法运用得极为巧妙，可以说每一句都没有离开梅花纯洁高雅的品性，并且每一字都蕴含着志向，这其实是作者崇尚高洁、不谋私利的人格写照。

三、教学建议

（一）以文带文，比较异同

曲是中国古代文学中极其重要且特别常见的一种艺术形式。曲在结构与体例上与诗词有着相同之处，取诗词的格律、声韵的优势，而又自主灵活地增加衬字。诗有组诗篇章，词有组词篇章，曲有组合的小曲。同一调子、同一曲牌的曲，在字数、节奏、押韵、主题、情感方面都有许多相似之处。因此，在学习组合曲时，可以学习其中一两首，再将学法迁移，学习其他同曲牌的词，促使学生将曲的知识学以致用。

“清江引”，曲牌名，又称“江儿水”，也偶称“崛江绿”。本为元代小令，尚不见元代之前与此曲牌有关的著录。“清江引”中的“引”与“歌”“曲”“赋”“行”“令”“慢”“近”相同，是古体诗、歌曲、器乐曲的体裁之一，如“箜篌引”等。“清江引”在戏曲、民间俗曲中，总是出现在章、回、段的末尾，具有很强的总结性。

（二）体现节奏，感受声律

语言类作品，在进行口头表达时，无论是朗读、诵读，还是吟唱，都是有一定节奏的，需要进行逻辑、情感与语气的停顿，只有这样，诗词曲才能读出韵味来。

表现曲的节奏有多种形式：

1.划好节奏诵读。如：南枝夜来/先破蕊，泄露/春消息。偏宜/雪月交，不惹/蜂蝶戏。有时节/暗香/来/梦里。划斜线处适当停顿一下，以体现节奏。

2.击打节奏朗诵。比如：上面标出的节拍，朗读到斜线处就拍一下手，以感受节奏。

3.分角色后诵读。

（三）多管齐下，感受画面

《清江引·咏梅（其一）》是一首画面感极强的曲，我们读了文字后，脑海中不由得浮现了在风欺雪压的天地中，梅花娇艳绽放的画面。

这首曲中涉及和描写的景物有“南枝”“雪”“月”“蜂蝶”等，作者写出了这些景物的动态之美，如“破蕊”“泄露”“蜂蝶戏”“来梦里”，可以通过多种途径来展示这些颇具画面感的景物。一是可以通过PPT或Flash的形式直观演示给学生看；二是可以通过组合电子相册的照片来演示这些景物的动态微视频，展示景物的变化；三是让学生为本曲的内容画一幅画，以帮助学生把具体的事物组合成一幅画；四是可以让一组学生诵读本曲，其余学生闭上眼睛想象曲所描绘的画面。

（四）熟读成诵，巧妙背诵

要学好古文，就必须熟读甚至背诵、默写一些优秀的古文。当然不是每一首诗词曲都要求学生背诵，教师要有意识地指导学生背诵一些优秀的古文，还要在诵读的过程中传授学生一些背诵方法。

本曲的背诵训练可以采取以下的方法：

1.完形填空背诵法。呈现词曲的其中一部分，另一部分由学生来背诵。如："南枝夜来（　　），泄露（　　）。偏宜（　　），不惹（　　）。有时节暗香（　　）。"括号中都是填三个字，很有节奏感。当然也可以填每句的前半部分，或者填整个句子，或者填入每句的关键的词语。

2.轮流背诵法。师生之间或同学之间互相合作，采用一人一句的方式来背诵。

四、教学设计示例

（一）汇报展示，晓作者

1.学生展示课前自读成果。

2.学生交流课前查阅的关于作者贯云石的资料。

3.教师补充作者的相关资料。

关键词：维吾尔族，元代散曲家，辞官隐居。

（二）诵读入韵，通格律

1.读出节奏：给课文标出停顿再读。

2.读出平仄：侧重注意在节奏线前的字和押韵字的平仄即可。

（三）画面品读，悟诗情

1. 借助译解读懂句意，对不懂的词句进行交流。

2. 读出景：读着读着，你的眼中出现了哪些景物？标出相关词语。（南枝、雪月。）

有蜂蝶吗？有梅花吗？（展开讨论后再读。）

3. 讨论：梅花本是静态的美，可是作者用了好多个动词，请找出来，读一读，你觉得作者到底在写什么？

4. 汇报交流。

《清江引·咏梅（其一）》画面感极强，读了文字后，不由得想象出在风欺雪压的天地中，梅花娇艳绽放的画面，色彩分明，气质独特。而这种纯洁高雅的人格正是作者自己志向的表达。

5. 带着学生总结“托物言志”的写作方法。

（四）现学现用，学法移

教师引导：我们这节课学习的是元曲《清江引·咏梅（其一）》，了解到托物言志的写作手法，表达了作者崇尚高洁、不谋求名利的高尚人格。

其实诗词曲同源，同名的词，也有许多好作品，请同学们另外学习南宋词人陆游的词《卜算子·咏梅》以及毛泽东的词《卜算子·咏梅》，把本课学习的曲与它们放在一起鉴赏比较，观察词与曲在形式、格律上的区别，体会托物言志的写作手法。

卜算子·咏梅

〔宋〕陆游

驿外断桥边，寂寞开无主。
已是黄昏独自愁，更著风和雨。
无意苦争春，一任群芳妒。
零落成泥碾作尘，只有香如故。

毛泽东品读了陆游的《卜算子·咏梅》之后，也写了一首词。

卜算子·咏梅

毛泽东

风雨送春归，飞雪迎春到。
已是悬崖百丈冰，犹有花枝俏。
俏也不争春，只把春来报。
待到山花烂漫时，她在丛中笑。

引导学生总结分析：三位作者，以梅为载体，从不同的角度写出了梅花的品性，抒发了自己的情感，对梅花的赞美之意是共性，这也正好体现了梅花的意象之语，梅花不畏严寒地生长绽放的品性，代表了作者品德的高洁。

（五）融会贯通，活运用

学习古文，一方面要通晓其意，悟其感情，学习其创作手法，接受其语言、思想的熏陶，另一方面还要融会贯通，在说话、写作中能灵活地运用，才能达成学习古典诗词曲的目标。

1. 根据本课所学，完成以下练习。

（1）思考：南宋词人陆游与毛泽东的词《卜算子·咏梅》及贯云石的曲《清江引·咏梅（其一）》在表现手法与创作基调、体现情感上有什么异同？请学生在教师的引导下说一说。

（2）填空：在旧社会，我爷爷受尽了折磨，他勇于反抗并参加革命，“零落成泥碾作尘，只有香如故”，体现了一个革命志士不畏困难，坚守共产主义信仰的风骨。

（3）填空：早春犹寒，屋后的桃花才刚吐蕾，不知不觉，春天来临了，正是“南枝夜来先破蕊，泄露春消息”。

2. 试背《清江引·咏梅（其一）》和毛泽东的《卜算子·咏梅》。

五、教学资源链接

【双调】清江引·咏梅

〔元〕贯云石

其二

冰姿迥然天赋奇，
独占阳和地。
未曾着子时，
先酿调羹味，
休教画楼三弄笛。

其三

芳心对人娇欲说，
不忍轻轻折，
溪桥淡淡烟，
茅舍澄澄月，
包藏几多春意也。

其四

玉肌素洁香自生，
休说精神莹。
风来小院时，
月华人初静，
横窗好看清瘦影。

第二十七课
【越调】小桃红·江岸水灯

一、教学目标

1. 能在察律读韵中初步感知元曲的特点，发现曲牌“小桃红”最基本的格律特点，感受此曲清新明朗且自然的语言风格，能熟读和背诵《小桃红·江岸水灯》这首曲。

2. 借助文中的注释，自读自悟，知意悟情，能用自己的话说出课文的大意，体会到作者对乡间隐逸生活的赞赏与向往之情。

3. 能借助曲中的相关语句，辨析出曲中的实景与虚景，能体悟到作者虚指、用典的写法。

二、教材解读

（一）原文

【越调】小桃红·江岸水灯

〔元〕盍西村

万家灯火闹春桥，

十里光相照，

舞凤翔鸾势绝妙。
可怜宵，
波间涌出蓬莱岛。
香烟乱飘，
笙歌喧闹，
飞上玉楼腰。

（二）原文解析

《小桃红·江岸水灯》是元朝盍西村写的一首散曲小令，这首小令是盍西村在农历正月十五元宵佳节隔江观看花灯时所写下的。“越调”为曲调名，“小桃红”为曲牌名，句式为75737445，共八句。“江岸水灯”为曲的标题，揭示本曲的主要内容。

这首曲的作者盍西村，是江苏人，关于他的生平事迹记载不详。他的散曲现存小令十七首，绝大多数为写景之作，歌颂乡间的隐逸生活，风格清新明朗且自然，古人评其词如“清风爽籁”。

这首曲描写了元宵节闹花灯的盛况。万家灯火，华丽明亮，有的如凤凰飞舞，有的似鸾鸟飞翔，美妙绝伦。

起句“万家灯火闹春桥”就大肆渲染元宵之夜的盛况，“万家灯火”四字，把佳节来临、灯火辉煌、万民同乐的宏丽场景一下子就向读者展现出来，同时也使“春桥”这一特殊的景点得以凸显。

“十里光相照”是接上句“春桥”来写的，春桥两边有十里长堤，堤上的灯光与水中灯船连绵相照，让人联想起灯光与水波相映的场景，定是潋滟荡漾，十足的好光景。应该注意的是“万家灯火”“十里光”，这里的“万”“十”应该是虚指，并不是说“一万家的灯火”“十里长的灯光”，上下两句连起来的意思是“很多家的灯火照耀着热闹的春桥，沿江很长的一段灯火辉煌，相互映照着”。

“舞凤翔鸾势绝妙”极为形象地写出了元宵花灯的千姿百态：悬挂着的、手提着的各式各样的灯笼摇摆着、晃动着，如鸾飞凤舞，让人的心随之摇曳，觉得奇妙至极。

“可怜宵，波间涌出蓬莱岛”两句写出了作者的赞叹：可爱的元宵佳节啊，仿佛是蓬莱仙境移动来到了人间，又仿佛是人们登上了海上仙山琼阁，在茫茫江面上若隐若现。这美妙的夜景让人幻惑迷离，飘然若仙。作者以虚托实，以幻写真，把夜间灯光摇曳、焰火与水雾相接的情景展现得淋漓尽致。

“香烟乱飘，笙歌喧闹，飞上玉楼腰”这三句又实写：风儿轻飘，香烟缭绕，笙歌悠扬，人声相随，一起飞上华丽高楼的半腰间。此情此景，让人进一步感受到元宵夜的魅力，宛如此夜是与神仙同欢，是天赐的福缘，让人产生无限的想象，感受元宵佳节的美好。然而，整首小令又突然在幻觉般的境界中戛然而止，叫人回味无穷。

这首小令以朦胧之笔写朦胧之夜，呈现朦胧之美，短短几句写出一个欢快迷人、宛如仙境的元宵佳景，在朴实清淡中展现幽美，读来如身临其境，让人拍案叫绝。

三、教学建议

古文教学要注意通过语调、押韵、节奏、意象、修辞等引导学生体味作品的内容和情感，把握文意，想象文中描绘的情境、体会文中表达的情感，感受优秀作品给人的感染和激励。根据这首曲的特点，本课教学建议注意以下几点。

（一）“读”占鳌头

学习古文，离不开一句话，那就是“读”占鳌头。一方面，唯有多读、熟读，才能以读悟文意，以读悟情理，并能通过读去发现句子的特点。另一方面，诗词曲还有一个绕不开的话题，那就是读出节奏和长短。

【越调】小桃红·江岸水灯

〔元〕盍西村

万家灯火/闹/春桥，

十里/光/相照，

舞凤/翔鸾/势绝妙。

可怜/宵，

波间/涌出/蓬莱岛。

香烟/乱飘，

笙歌/喧闹，

飞上/玉楼腰。

（注：斜线表示停顿。）

这一首曲押的是“ɑo”韵，并且句句押韵，一韵到底，中途没有换韵，恰如一首一韵到底的现代流行歌曲，读起来特别朗朗上口，让人很清晰地感受到曲的声韵之美、音韵和谐。不过，在诵读时特别要注意第二句、第三句、第五句、第七句是押仄韵的，韵脚字要读短促一些。整个节奏快慢相间、曲折有别，才更具有音韵的节奏之美。

当然，在整个教学的过程中，“读”的活动要贯穿始终，并且要注意读的层次性和多样性。比如在熟读成诵的环节，可以引导学生一边用手击打节拍，一边诵读，感受曲的声律；而在诵读明意的环节，则可以师生或学生之间一人一句，采用对歌的形式来诵读，帮助学生理解和记忆曲句。而在诵读悟情环节，则可以使用配乐配图或者教师引述的方式诵读。

（二）咬文嚼字

语言是前后传承并发展的，变化过程极其缓慢。但是古文的创作年代离现在毕竟已经久远了，会产生一些古今词义的差别，这对学生学习古文产生了障碍，要抓住重点词语指导学生理解古今词义的区别。

通过曲所描写的情景，借助相关文献资料，引导学生理解“万家灯火”“十里光”是虚指；“舞凤翔鸾势绝妙”不是指真实的凤凰和鸾鸟，而是指纸扎的凤凰和鸾鸟形状的灯笼；“可怜宵”要区别词义，“可怜”是可爱之意；“波间涌出蓬莱岛”指的是灯火彩船，也是作者的想象与评价；“香烟乱飘，笙歌喧闹，飞上玉楼腰”，曲的结尾进一步写作者的感受，写出元宵节时宛若仙境的热烈气氛。

另外，曲中的一些动词用得极为形象，“闹”“照”“涌”“飘”“飞”等让整个景象动起来了，教学时要侧重引导学生从这些词去感悟作者灵动的描写，同时感悟作者“心向往之”的心动。

（三）引经据典

《小桃红·江岸水灯》是一首较有名的写景曲子，作者写了自己一次亲身经历的见闻，心有所触，写下了见到的景物、感受到的节日气氛。但作者并不是一味地写所见的景物，而是一边写在现实世界中所见的景物，一边借用典故幻化出自己的想象与感受，让虚实有了完美的结合。

“万家灯火”“春桥”“十里光”“舞凤翔鸾”都是作者实实在在见到的景物，白描的写法也恰似一个个小视频，大肆渲染元宵之夜的盛况，把灯火辉煌、万民同乐的宏丽场景一下子展现出来，精彩无限。同时，显出“春桥”这一特殊景点，继而引出春桥两边的十里长堤，灯火与水中的灯船连绵相照，气势恢宏，给人一种身临其境的感觉。

“可怜宵”！作者见到如此美景，禁不住发出这样的感叹，情不自禁地引发读者的共鸣。“波间涌出蓬莱岛。香烟乱飘，笙歌喧闹，飞上玉楼腰。”作者一感叹，一转笔，就虚写景物，写出自己的感受与评价。

“蓬莱岛”指的是什么呢？如果从字面的意思去理解，好像只是一个地方，这样理解词语就不够正确了，通过查阅资料才能知道，“蓬莱岛”是指仙人居住的岛。本曲写景，由实至虚，引用典故，引人入胜，使人身临其境，体现了作者高超的写景手法。教师要引导学生学会赏析，从古文中学习写作的手法，则能达成古典诗词曲教学的另一目标。

（四）虚实结合

在今人看来，元朝的元宵节肯定是气氛热烈、宛若仙境、妙不可言的。那么要写的人、景、物肯定很多，写哪些景物、怎么写就大有讲究了，既要写出实景，给人以身临其境之感，又要情景交融、寓情于景、景中含情。光写实景，未免显得小气，难以让人产生无限想象，难以感受和品味元宵夜的美妙，只有虚实结合才能写出元宵节的氛围。从这首曲可以看出，要写好写景文章，一定要有针对性地选择景物，突出景物特点，才能写得有声有色。

“万家灯火”把灯火辉煌、万民同乐的宏丽场景一下子展现出来，起句就大肆渲染元宵之夜的盛况，显得大气磅礴。“十里光”“万家灯火”相映照、相顺承，紧密结合，天衣无缝，妙不可言，一下子就吸引了读者的注意力，显现出作者高超的写作手法。“万家灯火闹春桥，十里光相照”，这两句中的“万”“十”明面上是数字，其实是虚指。抓住曲的修辞手法来理解曲的意思，是一种理解曲本意、悟曲情的好方法。

“势绝妙”是作者发自内心的评价，也可以看成是一种议论。后面几句中，“蓬莱岛”“玉楼”则是作者对以面取点的景物的进一步由实化虚，合理进行联想，描写与议论合而为一，以想象表达感受与情感。

学习一篇古文，看起来并不难，但要真正挖掘出作品内在的价值，教师不参考运用大量的资料、不深入解读教材、不因文施教是行不通的。对于古文的教学，在小学中高年级可拓展内容，讲深入一些。

四、教学设计示例

（一）词语导入

1.读词语，说说它的意思。

（凤、鸾、可怜、蓬莱岛、香烟、玉楼。）

2.揭题：作者把这些词放在了《小桃红·江岸水灯》中，有的词的意思就完全不同了。有什么不同呢？我们来看看。

（二）熟读成韵

1.熟读。

全班读、指名读、快速读、击掌读。

2.成韵。

标出停顿（为化解难度，教师可以先练习读段或句，再到篇），比如先读——

万家灯火 / 闹春桥，

（仄平平仄仄平平）

十里 / 光 / 相照，

（平仄平平仄）

舞凤 / 翔鸾 / 势绝妙。

（仄仄平平仄平仄）

（注："/" 表示停顿。在朗读时要注意字正腔圆、平长仄短、平慢仄快的规律和要求，要求学生反复练习，辅以手势或击掌诵读。）

可以先由教师范读，让学生去听去辨去发现，再进行诵读训练。

在学生诵读以上句子达到熟悉程度后，后面的五句话则可以让学生进行学法迁移，自己仿照以上的方法进行诵读，要注意读出层次、读出曲的诗词味道。

（三）诵读知意

1.默读，找出开课时提到的词语并标出来，说说它们在本曲中的意思。

"舞凤翔鸾势觉妙"，这里的"舞凤翔鸾"是指纸扎的凤凰和鸾鸟的灯笼；

"可怜宵"中的"可怜"是可爱的意思；

"波间涌出蓬莱岛"中的"蓬莱岛"指的是波浪中出现的灯火彩船，也是作者的想象与评价；

"香烟乱飘，笙歌喧闹，飞上玉楼腰"中的"香烟"不是现在吸的香烟，是指浓香的烟火。"玉楼"指华丽的高楼。

2.同桌对诵：先对词连句诵，再对句连篇诵。

3. 师生对诵：教师诵读原句，学生用自己的话说出相应的意思。

4. 全班同学一齐诵读。

（四）品情悟法

教师引导：让我们跟随作者的脚步去赏灯过元宵。

1. 品情。

出示图片或视频，学生看画面诵读出相应的诗句。

你认为作者此时的心境是怎样的？

2. 悟法。

（1）独立思考：作者写的是“江岸水灯”图，写得非常之妙，景动了，心也跟着动了。你是从哪些词中读出来的？

（2）小组讨论。

（3）展示汇报。

（五）背诵引文

采用“对歌背诵法”“分节背诵法”“节拍背诵法”，反复读几遍，然后背诵下来。要注意引导学生关注难写字的写法。

五、教学资源链接

元宵节

元宵节又称上元节、元夕或灯节，时间是每年的农历正月十五，是中国的传统节日之一。元宵节自古以来就以热闹喜庆的放花灯、赏花灯习俗为主，也有吃汤圆的习俗。

第二十八课　【中吕】山坡羊·道情

一、教学目标

1. 初步感知和发现曲牌“山坡羊”最基本的格律特点，感受本曲语言通俗、明白如话、不造作、直抒胸臆的语言风格，能背诵《山坡羊·道情》这首曲。

2. 知意悟情，能用自己的话说出课文的大意，能感悟作者荣辱不惊、孤高旷达的浩然之气。

3. 辨析出曲中景物与言志的关系，从而初步体会到此写景言志之作中借代、运用典故的写作手法。

二、教材解读

（一）原文

【中吕】山坡羊·道情

〔元〕宋方壶

青山相待，
白云相爱，
梦不到紫罗袍共黄金带。

一茅斋，野花开，
管甚谁家兴废谁成败？
陋巷箪瓢亦乐哉。
贫，气不改；
达，志不改。

（二）原文解析

元朝宋方壶的作品《山坡羊·道情》是一首言志曲。

曲牌“山坡羊”，又名“山坡里羊”“苏武持节”。此曲属中吕宫，全曲十一句，押九韵，或每句入韵。最后四句也可写作两个四字句，不必加逗号隔开。

作者宋方壶，名子正，生卒年不详，华亭（今属上海松江）人。生平不详，今存散曲小令十三首，套数五套。

《山坡羊·道情》表达了作者“不管谁人成败，谁兴帝业，我绝不依附，永葆自由之身”的浩然之气，真正达到了“富贵不能淫，贫贱不能移，威武不能屈”的境界。

古代具有高洁人格的知识分子，出于对政治黑暗、仕途险恶、人情虚伪的反感，蔑视现实的功名利禄，常表示要逃避尘网、遁世隐居。因而，隐逸林泉、纵情山水便成为古代文学作品的一个常见的主题，寄托着传统文人对与世无争的超然生活的热情向往。而在元代，由于政策不公以及科举制废立无常，一向以兼济天下为抱负的广大汉族文人，落入了“九儒十丐”的田地，更使隐逸主题在这一时期得到了广泛抒发，《山坡羊·道情》便是典型作品。

本曲的开头两句“青山相待，白云相爱”，是说作者愿与隐隐青山、皑皑白云相交往、相亲近。在这个工整的四言对偶句中，作者首先以“青山”“白云”两个色彩鲜明的形象，勾画出了山林风光的秀美；“相待”“相爱”两个词，则是以拟人化的手法写活了作者眼中的大自然，使其富有生命和情感，同时也表达了作者对大自然真挚深厚的喜爱之情，这与辛弃疾的“我见青山多妩媚，料青山见我应如是”有异曲同工之妙。

下一句“梦不到紫罗袍共黄金带”，意为就连做梦都根本不会梦到做官这一类事情。“紫罗袍”“黄金带”，是官员身上的官服和腰带，元曲中多用其指代官员和官场，这两样东西和前两句中的“青山”“白云”形成了鲜明的对比，更加凸显了作者流连于大自然的陶醉之情。“梦不到”三字，鲜明地表现了作者弃功名之念的超然品格。

“一茅斋，野花开”，是写作者隐居的环境，住的不过是一简陋的茅草房屋，但是四周云彩轻盈、青山环绕，门前野花盛开，充满了无限的诗意和生机。显然，这是一个远离名利纠缠、没有尘世喧嚣的幽静所在。这短短的六个字，既是景语，也是情语，体现了作者全身心地投入到大自然之中的悠然自得之情。

“管甚谁家兴废谁成败”，这是作者内心“不管谁人成败，谁兴帝业，我绝不依附，永葆自由之身”的浩然之气。这样直白的表达也透露出作者隐居的原因，词语之间隐隐有一种英雄无用武之地的哀叹，既然不被重用，倒不如修身养性，独善其身。

“陋巷箪瓢亦乐哉”，是说作者即便是身处陋巷，用箪吃饭、用瓢喝水，但也会感到无限的精神愉悦。“箪”，古代盛饭用的圆形竹器。这一句化用《论语·雍也》中的“一箪食，一瓢饮，在陋巷，人不堪其忧，回也不改其乐”，借以表现任情适意、安贫乐道的志趣。

最后四句“贫，气不改；达，志不改”抒发了作者不因贫富改节的崇高精神，气势豪迈、掷地有声。这几句显然出自

《论语·学而》中的“贫而无谄，富而无骄”和《孟子·滕文公下》中的“富贵不能淫，贫贱不能移，威武不能屈”，以简洁凝练、铿锵有力的话语，表达了作者荣辱不惊、孤高旷达的浩然之气。

三、教学建议

《山坡羊·道情》是本册教材的最后一首曲，可借助其帮助学生全面复习巩固曲的相关知识，回忆学习曲的方法，使学生学习古文时，能够总结出自己的一些方法，再将学法迁移，学习其他一些通俗易懂的曲。

（一）以读为本，读出韵味

学习中国古典诗词曲，最基本的学习方法就是读，逐字逐词逐句逐文地读，以读悟情、以读悟文，始终是学习古典诗词曲永不过时的方法。

在初读正音后，要注意根据曲作的格律特点诵读入韵。读诗词曲的最基本要求是字正腔圆，也就是说字音要读准确，腔调要圆润，吐字要清晰，声音要饱满。通过指导学生朗诵时就可以发现，《山坡羊·道情》是一首一韵到底的曲，押“ɑi”韵，每一个逻辑句的末尾字都是“ɑi”音，只是字不同、声调不同而已。

在诵读入韵后，要注意利用轻重缓急、抑扬顿挫的声韵来表达对曲的理解品悟。比如在诵读“管甚/谁家兴废/谁成败？陋巷/箪瓢/亦乐哉”时把“谁”读重，表达出作者的傲然之气；把“亦”读重，表达出作者坚定的安贫乐道精神。而最后四句，两个仄韵字“改”的短促音体现了作者的毅然之情，而通过“气”“志”的重音让作者的气度飙升。

另外，在指导学生朗诵时，尤其要注意既要读出节奏，训练学生读较长句子中途换气，又要读出平仄、韵脚、声调、轻重。在指导学生诵读每一句的末尾一个字时，阴平与上声、去声的长短有所不同，这就引出了下一个诵读规律——平长仄短。

（二）平长仄短，唱诵结合

现代诗词的平仄，一般来说，阴平、阳平归入平声，上声、去声归入为仄声。读平仄声字时，有一个最基本的规律就是“平长仄短”，这样读有利于学生体会句子的意思，也有利于学生对古典诗词曲的记忆，感受古典诗词曲的声律。不过，对于小学生而言不必字字按“平长仄短”的规律来诵读，侧重注意一些停顿字和韵脚字的平仄、大体感知作品的音韵之美即可，切不可增加难度，机械训练。

在遵循“平长仄短”最基本的朗读规则下，还可以加上变声化音，也可配以一定的动作与手势，以体现曲的节奏与声韵。有音乐功底的语文教师，甚至可以根据自己的感受，为曲配上五线谱或简谱，然后指导学生学唱这首曲，这样就回归曲的本真了，真正实现了曲可读可唱的基本功能。

（三）查阅资料，理解典故

运用典故，是古典诗词曲常用的一种表达内容的手法。如果不了解古典诗词曲中的典故，对理解其中用典的句子是十分困难的。如果了解了典故的来历，既有利于理解文中的句子意思，又有利于激发学生对内容的学习兴趣。教师在每教学一首新的古典诗词曲前，要看看文中有没有用典的句子，如果有的话，就要安排学生上网或去图书馆查阅资料，以便了解典故，正确理解用典句子的意思。

在《山坡羊·道情》一曲中，“陋巷箪瓢亦乐哉”这一句化用《论语·雍也》中的“一箪食，一瓢饮，在陋巷，人不堪其忧，回也不改其乐”。该句是写孔子的弟子颜回的故事，意为即便是身处陋巷，用箪吃饭，用瓢喝水，虽然生活穷苦，也会感到无限的精神愉悦。“箪”，古代盛饭用的圆形竹器。如果不了解《论语·雍也》中的相关内容，是很难理解“陋巷箪瓢亦乐哉”的深刻含义的。

同样的，曲的最后四句“贫，气不改；达，志不改”出自《论语·学而》中的“贫而无谄，富而无骄”和《孟子·滕文公下》中的“富贵不能淫，贫贱不能移，威武不能屈”，表达了作者荣辱不惊、孤高旷达的浩然之气。

（四）回声记忆，高效背诵

古典诗词曲的学习，离不开诵读，也需要背诵记忆一些重点的句子与篇章。虽然对小学生来说，古典诗词曲的记忆与背诵是一个难点，但若能掌握一定的记忆方法，也能化难为易，提高学习的效率。

整体来看，《山坡羊·道情》一曲节奏分明、音韵和谐，内容也不长，完全可以要求学生背诵下来。

（五）抓住关键，感悟方法

小学生学习古典诗词曲，无论是背诵还是理解，都没有必要面面俱到，有的时候只要抓住关键的句子、重点的句子，切入理解与记忆，就能达到事半功倍的效果。

《山坡羊·道情》一曲中，“青山相待，白云相爱”是一句四言对偶句，并且押韵，声韵和谐，容易记忆；“梦不到紫罗袍共黄金带”一句中“紫罗袍”“黄金带”是当官之人穿戴的，此处指代官员和官场；“陋巷箪瓢亦乐哉”“贫，气不改；达，志不改”则化用前人语句，运用典故以表达内容，言作者之志。

四、教学设计示例

（一）知识抢答，导入曲文

1.快速抢答。

教师引导：前面我们学了好几首元曲，相信大家对元曲的格律特点、用韵规则、语言风格等都有所了解了。现在请大家回答几个问题：

（1）元曲产生于什么朝代，兴于什么时期？

（2）元曲的主要作家有谁？

（3）词与曲的主要区别是什么？

（4）你总结了哪些行之有效的诵读元曲的方法？

2.揭题。

现在，我们来继续学习《中国古典诗词欣赏》中最后一课——由元朝宋方壶写的曲《山坡羊·道情》，请读题。

（二）识韵识律，知人识文

1.读题解题，让学生读题后说说题中三部分各表示什么。

《【中吕】山坡羊·道情》中，“中吕”为曲调名，“山坡羊”为曲牌名，“道情”是曲的标题。“山坡羊”又名“山坡里羊”“苏武持节”。

2.读文识律，让学生自读曲文，概说曲牌“山坡羊”的格律特点（教师补充）。

十一句，正格句式为44733771313（除衬字外），押“ai”韵，第一、二、三、四、五、六、七、九、十一句押韵。

3.教师引导：文以言志，那么作者宋方壶在这首曲中要表达什么呢？要了解此曲必须先了解其人。

让学生先说，然后教师补充讲述作者的隐逸生活以及作品特点。

（三）分节诵读，声韵和谐

教师引导：前面我们学习了好几种诵读曲的方法，现在请大家用自己喜欢的方法读一读这首曲。

1.分节诵读。青山/相待，白云/相爱，梦不到/紫罗袍/共/黄金带……

2.对歌诵读。生1：青山相待；生2：白云相爱……

3.回声诵读。青山相待，相——待——；白云相爱，相——爱——

指定学生试背，看谁背得又快又好，再请他谈谈背诵的相关经验和诀窍，与大家分享背诵成功的喜悦。

（四）结合资料，扫清障碍

1.默读发现：本曲运用了用典和借代的方法，读读曲文，看你能发现几处用典或借代？提醒学生可以结合资料与注释加以理解。

2.交流补充：学生交流后教师补充。

“青山相待，白云相爱”是四言对偶句，并且押韵，声韵和谐，容易记忆；

“梦不到紫罗袍共黄金带”中的“紫罗袍”“黄金带”是当官人穿戴的，此处指代官员和官场；

“陋巷箪瓢亦乐哉”中的“陋巷箪瓢”出自《论语·雍也》，指简陋的生活条件；

“贫，气不改；达，志不改”这几句出自《论语·学而》中的“贫而无谄，富而无骄”和《孟子·滕文公下》中的“富贵不能淫，贫贱不能移，威武不能屈”，抒发了作者穷通不改其志的人生抱负，气势豪迈、掷地有声。

3.教师小结：理解一首曲的意思，一定要突破难点，从句子的格律、平仄、声韵、修辞、典故入手，就能正确理解句子的意思了。

（五）粗知曲意，感悟曲情

1.说曲意：对曲意的理解，不要求与词语一一对应，但要能用自己的话说出曲的大意。请大家用自己的话说一说曲的大意。

（《山坡羊·道情》的大意是：我爱青山，愿与它相伴；我爱白云，想与它相陪。做梦也梦不到穿上紫罗袍和系着黄金带这一类与官场相瓜葛的事。只要有一间茅屋，四周野花盛开，管他谁家兴旺，谁家衰败。在陋巷中过着一箪饭、一瓢水的生活我也挺愉快。贫穷时，骨气不丢；富贵了，志气不改。）

2.悟曲情：这首曲表达了作者怎样的气节？哪些词句最能体现作者的气节？

（这首曲充分地表达了作者不因贫富改节的崇高精神，气势豪迈、掷地有声，让人读后明其志。）

3.诵曲韵：从轻重缓急、抑扬顿挫等来指导学生诵读，然后学生可以进行一场表演诵读。

（六）学法迁移，以文学文

大部分学生做到流利背诵《山坡羊·道情》后，有时间就进一步引导学生进行拓展性阅读。

让学生运用查阅资料、注释词语、划分节奏、声韵诵读的方法，自行学习理解并背诵元代张养浩的《山坡羊·潼关怀古》

一曲，看看作者在表达什么。

【中吕】山坡羊·潼关怀古

〔元〕张养浩

峰峦如聚，波涛如怒，山河表里潼关路。
望西都，意踌躇。
伤心秦汉经行处，宫阙万间都做了土。
兴，百姓苦；亡，百姓苦。

五、教学资源链接

借景抒情

借景抒情不同于托物言志，是指作者带着强烈的主观感情去描写客观景物，把自身所要抒发的情感、表达的心情寄寓在此景此物中，通过描写此景此物予以抒发，这种抒情方式就叫作借景或借物抒情。这是一种写作手法。其主要特点是“景生情，情生景”，情景交融，浑然一体。文章只写景，不直接抒情，景物描写代替感情抒发，也就是王国维说的“一切景语皆情语”。

典　故

典故是一个汉语词，一指典制和掌故，二指诗文中引用的古代故事和有来历的词语，三指具有教育意义且大众耳熟能详的公认的人物、事件。